Video-Marketing mit YouTube

Christoph Seehaus

Video-Marketing mit YouTube

Video-Kampagnen strategisch planen und erfolgreich managen

Christoph Seehaus
Hamburg
Deutschland

ISBN 978-3-658-10256-2   ISBN 978-3-658-10257-9 (eBook)
DOI 10.1007/978-3-658-10257-9

Die Deutsche Nationalbibliothek verzeichnet diese Publikation in der Deutschen Nationalbibliografie; detaillierte bibliografische Daten sind im Internet über http://dnb.d-nb.de abrufbar.

Springer Gabler
© Springer Fachmedien Wiesbaden 2016
Das Werk einschließlich aller seiner Teile ist urheberrechtlich geschützt. Jede Verwertung, die nicht ausdrücklich vom Urheberrechtsgesetz zugelassen ist, bedarf der vorherigen Zustimmung des Verlags. Das gilt insbesondere für Vervielfältigungen, Bearbeitungen, Übersetzungen, Mikroverfilmungen und die Einspeicherung und Verarbeitung in elektronischen Systemen.
Die Wiedergabe von Gebrauchsnamen, Handelsnamen, Warenbezeichnungen usw. in diesem Werk berechtigt auch ohne besondere Kennzeichnung nicht zu der Annahme, dass solche Namen im Sinne der Warenzeichen- und Markenschutz-Gesetzgebung als frei zu betrachten wären und daher von jedermann benutzt werden dürften.
Der Verlag, die Autoren und die Herausgeber gehen davon aus, dass die Angaben und Informationen in diesem Werk zum Zeitpunkt der Veröffentlichung vollständig und korrekt sind. Weder der Verlag noch die Autoren oder die Herausgeber übernehmen, ausdrücklich oder implizit, Gewähr für den Inhalt des Werkes, etwaige Fehler oder Äußerungen.

Lektorat: Rolf-Günther Hobbeling

Gedruckt auf säurefreiem und chlorfrei gebleichtem Papier

Springer Gabler ist Teil von Springer Nature
Die eingetragene Gesellschaft ist Springer Fachmedien Wiesbaden GmbH

Einleitung

Liebe Leserinnen und Leser,

wenn Sie ein Buch suchen, das Ihnen zahlreiche praktische und direkt umsetzbare Hinweise, Tipps, Checklisten, Ansätze und konkrete Fallbeispiele zur Optimierung Ihres YouTube-Marketings bietet, dann habe ich eine gute Nachricht für Sie: Ihre Suche ist nun beendet. In Ihren Händen halten Sie ein umfassendes Kompendium, das Einsteiger und fortgeschrittene Praktiker gleichermaßen mit wertvollen Informationen versorgt. Alle Tipps, die Sie in diesem Buch erhalten werden, basieren nicht auf Vermutungen oder Spekulationen, sondern auf Analysen. Die daraus gewonnenen Erkenntnisse, die sich mehrfach sehr erfolgreich in der Praxis bewährt haben, möchte ich gerne mit Ihnen teilen.

Das vorliegende Buch zeigt Ihnen verschiedene Wege auf, wie Sie Ihr YouTube-Marketing, unabhängig von der Größe des Unternehmens oder dem zur Verfügung stehenden Werbebudget, nachhaltig professionalisieren und harmonisch in Ihren Online-Marketing-Mix integrieren können. Um diesem Aspekt Rechnung zu tragen, werden alle behandelten Themen kompakt, verständlich und mit vielen Screenshots, Grafiken und Abbildungen anschaulich dargestellt und erklärt. Sicher werden Sie schnell erste und praktisch sofort anwendbare Maßnahmen für Ihr YouTube-Marketing entdecken, mit denen Sie Ihre individuellen Online-Marketing-Ziele effizient bedienen können.

YouTube hat sich seit der Gründung 2005 und der Übernahme durch Google ein Jahr später kontinuierlich zu einer bei den Nutzern etablierten Videoplattform entwickelt, die mit ihren Inhalten nahezu alle Bereiche des täglichen Lebens durchdringt. Treiber dieser Entwicklung ist neben der gestiegenen Quantität vor allem die Qualität der Videoinhalte, die im Zeitverlauf spürbar zugenommen und zu einer breiten Akzeptanz bei den Internetnutzern geführt hat. Allein in Deutschland verzeichnet YouTube monatlich mehr als 36,8 Millionen einmalige Besucher (GfK

2015). Gemessen an der deutschen Online-Bevölkerung entspricht dies nahezu jedem 2. Bundesbürger (ARD-ZDF 2015).
Das Potenzial der weltweit größten Videoplattform haben auch Werbungtreibende erkannt. Diese sind nicht mehr nur bestrebt, YouTube für das Erreichen von klassischen Kommunikationszielen wie einer Steigerung der Marken- und Produktbekanntheit einzusetzen. Zunehmend rücken auch Vertriebsziele in den Vordergrund, die sich in der Erschließung neuer und der besseren Ansprache bestehender Zielgruppen ausdrücken. In der täglichen Praxis ergibt sich jedoch meist ein heterogeneres Bild: YouTube ist heute zu einem festen Bestandteil im Online-Marketing-Mix vieler Unternehmen geworden. Sie signalisieren damit ihre Bereitschaft, YouTube für das Erreichen ihrer Ziele zu erschließen und mit anderen Disziplinen zu verzahnen. Dennoch stehen diesem Bestreben zum Teil erhebliche strategische und operative Defizite gegenüber.

Um das gebotene Potenzial der Videoplattform voll auszuschöpfen, werden in neun einander ergänzenden Kapiteln die wichtigsten Sachverhalte leicht verständlich und mit hohem Praxisbezug zusammengefasst. Ein Schwerpunkt liegt dabei in jedem Kapitel auf konkreten Anwendungsfällen und den gewonnenen Erfahrungen, die beim täglichen Umgang mit YouTube gesammelt wurden.

Viele Video-Aufrufe ohne Werbebudget? Wie dies funktioniert und welche Hebel Sie jederzeit für mehr organische Reichweite auf YouTube umlegen können, ist Gegenstand des ersten Kapitels. Erfahren Sie, wie Metadaten und Nutzerinteraktionen im Zusammenspiel einen Rankingwert ergeben und warum dieser dafür verantwortlich ist, ob und an welcher Stelle Ihre Videos in den YouTube-Suchergebnissen erscheinen.

Nachdem Ihre Videos unter SEO-Aspekten optimal aufgestellt sind, geht es im zweiten Kapitel nahtlos mit weiteren frischen und sofort umsetzbaren Impulsen für Ihr YouTube-Marketing weiter. Schritt für Schritt werden verschiedene Möglichkeiten aufgezeigt, um Ihre Videos mit geringem Aufwand interaktiv zu gestalten und kostenlose Klicks für Ihre Videos und Ihre Webseite zu erzielen.

TrueView ist der Schlüsselbegriff im dritten Kapitel, in dem zunächst anhand eines ausführlichen Beispiels aufgezeigt wird, welchen konkreten Effekt die Erhöhung oder Senkung des Maximalgebots auf die Reichweite und den tatsächlich zu zahlenden Aufrufpreis hat. Anschließend werden alle TrueView-Anzeigenformate, ihre Anforderungen, Vor- und Nachteile sowie zwei direkt umsetzbare Strategien für den praktischen Einsatz in Ihrem Online-Marketing-Mix vorgestellt.

Können Remarketing-Listen aus der Suchmaschinenwerbung auch für YouTube genutzt werden? Was ist der Unterschied zwischen Themen und Interessen? Eng verbunden mit dem Erfolg von TrueView-Anzeigenformaten ist die Zielgruppe,

Einleitung

die Sie durch verschiedene Kriterien sehr genau bestimmen können. Sie werden im vierten Kapitel detailliert beleuchtet und runden das grundlegende Wissen über ein effektives Kampagnen-Setup mit zahlreichen Praxistipps, Best Practices und einer hilfreichen Checkliste ab.

Sales, CPO und KUR: Ihre TrueView-Anzeigen sind nicht nur für Branding-, sondern auch ideal für Performance-Kampagnen geeignet – wenn man sie im Kontext der Customer Journey versteht. Die primäre Rolle, Wirkung und das Zusammenspiel mit anderen Online-Marketing-Disziplinen sind Gegenstand des fünften Kapitels. Ein umfassend analysiertes Fallbeispiel aus der Praxis und die daraus gewonnenen Erkenntnisse machen deutlich, warum sich mit einer ganzheitlichen Betrachtung aller involvierten Online-Marketing-Disziplinen nicht nur sprichwörtlich bares Geld bei Abverkaufskampagnen sparen lässt.

Im sechsten Kapitel wird der Blickwinkel auf das YouTube-Marketing vergrößert und das bisher erlangte Wissen in einem Modell zur Strategiefindung um neue inhaltliche und strukturelle Aspekte erweitert. Erfahren Sie, welche verschiedenen operativen und strategischen Faktoren beim täglichen Umgang mit der Videoplattform zu berücksichtigen sind und mit welchen wirkungsvollen Hebeln, Tipps und Hinweisen Sie diese erfolgreich einsetzen können.

Die Nutzerzahlen von YouTube steigen kontinuierlich an, die Reichweite des klassischen Fernsehens hingegen nimmt leicht ab. Welchen Stellenwert diese Entwicklung für die Mediaplanung besitzt und wie beide Medien effizient miteinander verzahnt werden können, ist Gegenstand des siebten Kapitels. Anhand von Forschungsergebnissen und zwei Umfragen, die mit Ihren Videokampagnen auf YouTube kombiniert werden können, erhalten Sie verschiedene Ansatzpunkte und Denkanstöße für eine intelligente Mediaplanung.

Der Erfolg von Videokampagnen auf YouTube und Facebook wird zumeist an einer zentralen Kennzahl festgemacht – dem CPV. Obwohl diese Erfolgsgröße auf beiden Plattformen gleich benannt ist, erlaubt sie dennoch keinen direkten Vergleich. Ein Zahlenbeispiel im achten Kapitel verdeutlicht diesen Sachverhalt und zeigt auf, wie Sie die jeweils erzielten Ergebnisse Ihrer Videokampagnen in drei einfachen Schritten vergleichbar machen.

Im neunten und abschließenden Kapitel können Sie das Wissen, das Sie im Verlauf dieses Buches erworben haben, an verschiedenen Quizfragen prüfen. Die Fragen greifen die wichtigsten Sachverhalte der vorangegangenen Kapitel auf und sind bestens geeignet, um das angeeignete Wissen zu rekapitulieren und für die tägliche Praxis zu festigen.

Ich wünsche Ihnen viel Spaß beim Lesen und Ausprobieren der Tipps, Hinweise und Checklisten!

Quellen

GfK 2015: Crossmedia Link Jul 2015, zu beziehen über https://www.agf.de/leistungen/agfsoftware/tvscope/, zugegriffen am 25.01.2016

ARD-ZDF: ARD-ZDF-Onlinestudie 2015, http://www.ard-zdf-onlinestudie.de/index.php?id=535, zugegriffen am 5.1.2016.

Inhaltsverzeichnis

1 **Video-SEO: So steigern Sie die organische Reichweite Ihrer YouTube-Videos** 1
  1.1 Rankingwert: der Gradmesser für organische Sichtbarkeit 1
  1.2 Metadaten 2
    1.2.1 Videotitel 2
    1.2.2 Beschreibungstext 3
    1.2.3 Video-Dateiname 3
    1.2.4 Thumbnail 4
    1.2.5 Tags 4
    1.2.6 Untertitel 5
  1.3 Nutzerinteraktionen 6
    1.3.1 Aufrufe 6
    1.3.2 Einbettungen 7
    1.3.3 Teilen-Vorgänge, Kommentare, Bewertungen 8
  1.4 Gewichtung einzelner Faktoren 9
  1.5 Fazit 9
  1.6 SEO-Checkliste 10
  Literatur 10

2 **YouTube-Videos interaktiv gestalten** 11
  2.1 Infokarten 11
  2.2 Anmerkungen 14
  2.3 Call-to-Action-Overlay 17
  2.4 Fazit 19
  Literatur 19

3 TrueView-Anzeigenformate im Überblick 21
- 3.1 TrueView: nur zahlen, wenn der Nutzer interagiert 22
  - 3.1.1 Zusammenhang zwischen maximalem und tatsächlichem Aufrufpreis 22
  - 3.1.2 Zusammenhang zwischen maximalem Aufrufpreis und Reichweite 25
  - 3.1.3 TrueView-Abrechnungsmodell 29
- 3.2 TrueView InDisplay-Anzeigen 30
  - 3.2.1 TrueView InDisplay-Anzeigen in den YouTube-Suchergebnissen 31
  - 3.2.2 TrueView InDisplay-Anzeigen neben anderen Videos 31
- 3.3 TrueView InStream-Anzeigen 32
  - 3.3.1 Companion Banner 32
  - 3.3.2 Unterschied zwischen InStream- und TrueView InStream-Anzeigen 34
- 3.4 Shoppable TrueView Ads: Produktanzeigen und Shopping-Links für YouTube-Videos 34
  - 3.4.1 Produktdetails und Shopping-Links im Abspielbereich ... 35
  - 3.4.2 Fallbeispiel: ROLLER 37
- 3.5 Push und Pull: zwei Strategien für Ihre Videokampagnen 38
- 3.6 Checkliste für ein professionelles Kampagnen-Setup 39
- 3.7 Fazit 40
- Literatur 41

4 Kriterien zur Zielgruppendefinition 43
- 4.1 Demografie 43
- 4.2 Geografie 44
- 4.3 Endgeräte 44
- 4.4 Placements 45
- 4.5 Themen 46
- 4.6 Interessen 47
- 4.7 KeyWords 47
- 4.8 Auszuschließende Ziele 48
- 4.9 Video-Remarketing 49
- 4.10 Fallbeispiel: Kabel Deutschland 51
- 4.11 Fazit 53

5 Transparenz und Effizienz: YouTube in der Customer Journey 55
- 5.1 Rollen in der Customer Journey 55
- 5.2 YouTubes Rolle in der Customer Journey 57
- 5.3 Fazit 59

Inhaltsverzeichnis XI

6 YouTube-Strategiemodell: mit ganzheitlichem Ansatz zum Erfolg ... 61
6.1 Schlüsselpartner ... 62
    6.1.1 Kreativ- und Online Advertising-Partner ... 62
    6.1.2 Google ... 63
6.2 Schlüsselaktivitäten ... 64
    6.2.1 Listen ... 64
    6.2.2 Experiment ... 64
    6.2.3 Apply ... 65
    6.2.4 Develop ... 65
6.3 Schlüsselressourcen ... 66
    6.3.1 Zentraler YouTube-Ansprechpartner im Unternehmen ... 66
    6.3.2 Fachliche Qualifikation und finanzielle Befugnisse ... 66
6.4 Wertangebote ... 67
    6.4.1 Inspirationen für neue YouTube-Videos ... 67
    6.4.2 Content-Strategie für Ihre Videoinhalte ... 70
6.5 Kundenbeziehung ... 71
    6.5.1 Service-Strategie ... 71
    6.5.2 Performance-Strategie ... 72
6.6 YouTube-Kanal ... 73
    6.6.1 Kanalbild und Kanalsymbol ... 73
    6.6.2 Kanalabschnitte und Playlists ... 75
    6.6.3 Kanaltrailer ... 76
    6.6.4 Fallbeispiel: dm-drogerie markt ... 76
    6.6.5 Fallbeispiel: Kanzlei Wilde Beuger Solmecke (WBS) ... 77
6.7 Kundensegmente ... 78
    6.7.1 Analyse der organischen Video-Distribution ... 79
    6.7.2 Analyse der bezahlten Video-Distribution ... 80
6.8 Kostenstruktur ... 81
    6.8.1 Betreuung und Pflege des YouTube-Kanals ... 82
    6.8.2 Konzeption und Umsetzung von Videokampagnen ... 82
6.9 Einnahmequellen ... 83
    6.9.1 Sales ... 83
    6.9.2 Click In-/Click Out-Vergütung ... 84
    6.9.3 Wiedergabedauer ... 84
6.10 Fazit ... 85
Literatur ... 86

7 Klassik trifft digital: Reichweitenoptimierung durch Verlängerung von TV-Spots auf YouTube 87
- 7.1 Brand Lift Survey: Marktforschung auf YouTube 87
  - 7.1.1 Voraussetzungen 88
  - 7.1.2 Funktionsweise 89
  - 7.1.3 Ergebnisse 89
- 7.2 Brand Interest Survey: Abstrahleffekte von TrueView InStream-Anzeigen auf die Google-Suche erfassen 91
  - 7.2.1 Voraussetzungen 92
  - 7.2.2 Funktionsweise 92
  - 7.2.3 Ergebnisse 93
- 7.3 Weiche Faktoren: Online-Video und TV-Werbung 94
- 7.4 Meilenstein: Fernsehforschung berücksichtigt YouTube bei Reichweitenangaben 94
- 7.5 360°-Videos: Perspektivwechsel für Online-Bewegtbild 95
- 7.6 Fazit 96
- Literatur 97

8 YouTube und Facebook: zwei Plattformen, die trotz gleicher Kennzahlen keinen direkten Vergleich erlauben 99
- 8.1 Video-Kennzahlen im Vergleich 99
  - 8.1.1 Statischer und dynamischer CPV 100
  - 8.1.2 Videoaufrufe und Impressionen 100
  - 8.1.3 Nutzersituation bei Videoanzeigen 100
- 8.2 Vergleichbare Werte in drei Schritten 101
- 8.3 Fazit 103

9 Quiz 105
- 9.1 Video-SEO 105
- 9.2 YouTube-Videos interaktiv gestalten 106
- 9.3 TrueView-Anzeigenformate 107
- 9.4 Kriterien zur Zielgruppendefinition 108
- 9.5 YouTube in der Customer Journey 108
- 9.6 YouTube-Strategiemodell 109
- 9.7 YouTube- und Facebook-Kennzahlen im Vergleich 110
- 9.8 Reichweitenoptimierung durch Verlängerung von TV-Sports auf YouTube 111
- 9.9 Lösungen 112

Schlusswort 115

Glossar 117

Der Autor

Christoph Seehaus ist Online Video-Experte und kennt alle Hebel, die YouTube für Unternehmen zu einem Erfolg machen. Der ausgebildete Kaufmann für Marketingkommunikation und studierte Betriebswirt ist seit 2010 auf Agenturseite tätig. Vor seinem Wechsel zur Online Video Marketing-Agentur Videobeat Networks war er YouTube Advertising Specialist bei der Hamburger Performance-Agentur eprofessional und hat in diesem Zeitraum das YouTube-Marketing zahlreicher mittelständischer und Großunternehmen professionalisiert. Sein umfassendes Wissen und die erworbenen Erkenntnisse stellt er mit zahlreichen Abbildungen, Hinweisen und Praxistipps in diesem Buch zur Verfügung.

Abbildungsverzeichnis

Abb. 1.1 Metadaten und Nutzerinteraktionen im Überblick 2
Abb. 1.2 Videotitel mit den wichtigsten Schlüsselbegriffen 2
Abb. 1.3 Beschreibungstext mit Link zu einer externen Webseite 3
Abb. 1.4 Auswahl eines vorgeschlagenen oder benutzerdefinierten
 Thumbnails 4
Abb. 1.5 Präzise Tags für ein besseres Ranking 5
Abb. 1.6 Suchmaschinenoptimierung durch Untertitel 6
Abb. 1.7 Aufrufzahl für ein YouTube-Video 7
Abb. 1.8 URL zum Einbetten von YouTube-Videos 8
Abb. 1.9 URL zum Teilen eines YouTube-Videos 8

Abb. 2.1 Auswahlmenü für einzelne Infokartentypen 12
Abb. 2.2 Hinweis-Anmerkung mit Weiterleitung auf eine
 externe Webseite 15
Abb. 2.3 Call-to-Action-Overlay bei organischer Video-Wiedergabe 17
Abb. 2.4 Bearbeitungsmenü für einen Call-to-Action-Overlay 18

Abb. 3.1 Auktionsmodell mit gleichem Qualitätsfaktor 23
Abb. 3.2 Auktionsverfahren mit ungleichen Qualitätsfaktoren 23
Abb. 3.3 Zusammenhang zwischen maximalem Gebot und Reichweite 26
Abb. 3.4 Maximale Reichweite bei einem Gebot von 8 Cent 27
Abb. 3.5 Effekt einer Gebotsreduktion auf die Reichweite 28
Abb. 3.6 TrueView InStream-Anzeige mit Companion Banner 33
Abb. 3.7 Shoppable TrueView Ad mit dynamischen Produktkarten 35
Abb. 3.8 Verknüpfung des Google Merchant-Centers und des
 AdWords-Kontos über die Shopping-Einstellungen 36

Abb. 4.1	TrueView InStream-Anzeige mit Call-to-Action-Overlay und Companion Banner	52
Abb. 5.1	Ungewichtete Rollenverteilung der YouTube-Werbemittelkontakte in der Customer Journey	56
Abb. 5.2	Gewichtete Rollenverteilung der YouTube-Werbemittelkontakte in der Customer Journey	56
Abb. 5.3	Identische Rollenverteilung bei unterschiedlichen Zielgruppenkriterien	57
Abb. 6.1	Elemente für ein professionelles YouTube-Marketing	61
Abb. 6.2	Entwicklung der Suchanfragen zu „Laminat verlegen" und „tapezieren"	68
Abb. 6.3	Detaillierte Daten zu Aufrufen, Wiedergabezeit und Wiedergabedauer	69
Abb. 6.4	Kanalbild und Kanalsymbol von eprofessional	73
Abb. 6.5	Channel Art Template mit Abmessungen für verschiedene Endgeräte	74
Abb. 6.6	Individueller Tab als Startseite im YouTube-Kanal von dm	77
Abb. 6.7	YouTube-Kanal der Kanzlei WBS	78
Abb. 7.1	Management-Dashboard der Brand Lift Survey	90
Abb. 7.2	Detaillierte Ergebnisse für einzelne Geschlechtersegmente	90
Abb. 7.3	Brand Interest-Ergebnisse nach Kontakthäufigkeit und für einzelne Bundesländer	93

Video-SEO: So steigern Sie die organische Reichweite Ihrer YouTube-Videos

1

Zusammenfassung

Es ist längst kein Geheimnis mehr, dass YouTube nach Google die zweitgrößte Suchmaschine der Welt ist. Fragen hingegen wirft auf, welche Faktoren für das Ranking von Videos verantwortlich sind und wie diese die Platzierung in den YouTube-Suchergebnissen beeinflussen. Mit diesem Beitrag möchte ich Ihnen zeigen, wie Sie die verschiedenen Faktoren einsetzen können, um nachhaltig die organische Reichweite Ihrer Videos auf YouTube zu verbessern.

1.1 Rankingwert: der Gradmesser für organische Sichtbarkeit

Google und YouTube liegt beim Ranking ihrer Inhalte ein vergleichbarer Algorithmus zugrunde. Beide Suchmaschinen ziehen mehrere Faktoren heran, um den jeweiligen Inhalten einen individuellen Rankingwert zuzuordnen. Dieser entspricht einem Gesamtwert, der im Vergleich mit anderen Videos darüber entscheidet, ob und an welcher Position Ihre Videos bei passenden Suchanfragen in den Suchergebnissen angezeigt werden. Videos mit hohem Rankingwert weisen nicht nur eine bessere Sichtbarkeit in der Suche auf, sondern werden auch häufiger angesehen als Videos, die sich auf den Folgeseiten der Suchergebnisse befinden. Der Rankingwert auf YouTube setzt sich aus den direkt durch Sie beeinflussbaren Metadaten eines Videos und aus den Nutzerinteraktionen, die auch als Social Signals bezeichnet werden, zusammen (Abb. 1.1).

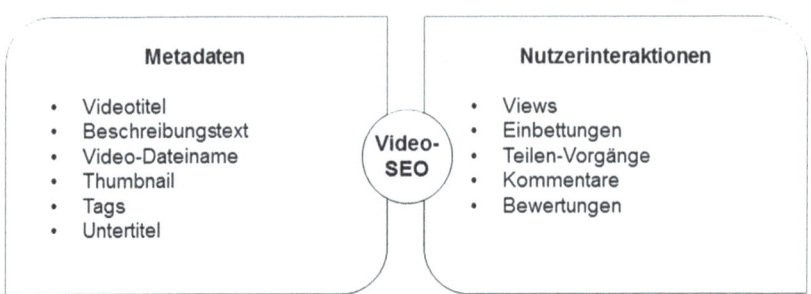

Abb. 1.1 Metadaten und Nutzerinteraktionen im Überblick

1.2 Metadaten

Großen Einfluss darauf, auf welcher Suchergebnisseite und Position Ihre YouTube-Videos zu finden sind, haben Sie selbst. Verschiedene Faktoren, die für das Ranking herangezogen werden, können Sie direkt beeinflussen und damit unmittelbar die organische Sichtbarkeit und gleichzeitig auch die Reichweite Ihrer Videos optimieren. Eine Auswahl der relevantesten Faktoren für die Suchmaschinenoptimierung Ihrer YouTube-Videos möchte ich Ihnen im Folgenden an die Hand geben und aufzeigen, was Sie bei diesen beachten müssen.

1.2.1 Videotitel

Wie wichtig ein aussagekräftiger Titel ist, zeigt dieses Kapitel, auf das Sie womöglich ohne Nennung der Begriffe YouTube und SEO nicht aufmerksam geworden wären. Gleiches ist für Videos zu beachten: Ein nichtssagender Titel ist weder für die Algorithmen der Videoplattform noch für die YouTube-Nutzer interessant (Abb. 1.2).

Abb. 1.2 Videotitel mit den wichtigsten Schlüsselbegriffen

1.2 Metadaten

Hochgeladen am 08.06.2011
"Was ist eprofessional für Dich?" - Mitarbeiter geben einen Einblick in den Arbeitsalltag bei der Performance Marketing-Agentur aus Hamburg.
Karriere bei eprofessional: http://www.eprofessional.de/jobs
Kategorie   Unterhaltung
Lizenz   Standard-YouTube-Lizenz

Abb. 1.3 Beschreibungstext mit Link zu einer externen Webseite

- Beim Videotitel gilt: Keep it short and simple. In maximal 120 Zeichen sollten Sie die wichtigsten Begriffe nennen, um sowohl dem Algorithmus als auch den Nutzern deutlich zu machen, worum es in Ihrem Video geht. Ein Beispiel hierfür ist „Tutorial: Laminat verlegen – Anleitung, Tipps & Tricks vom Experten".

1.2.2 Beschreibungstext

Ergänzend zum Videotitel bietet Ihnen die frei definierbare Beschreibung die Möglichkeit, Ihr Video mit zusätzlichen Informationen in Form von Text und Verlinkungen anzureichern. So können Sie Ihre Videoinhalte über relevante Schlagwörter und Links zu weiteren Videos oder zu einer externen Webseite weiter spezifizieren (Abb. 1.3).

- Stellen Sie die wichtigsten Informationen an den Anfang Ihres Beschreibungstextes, da nur die ersten 95 Zeichen permanent unter Ihrem Video sichtbar sind. Greifen Sie prägnante Begriffe und Schlagwörter sowie passende Verlinkungen in einem leserfreundlichen Text auf und strukturieren Sie diesen mit Umbrüchen und Absätzen, um ihn nicht nur für interessierte Nutzer, sondern auch für den Algorithmus möglichst attraktiv zu gestalten.

1.2.3 Video-Dateiname

Die Basis für ein gutes Ranking fängt nicht erst mit dem Verfassen eines Videotitels oder eines Beschreibungstextes an, sondern beginnt bereits bei der Benennung Ihrer Videodatei. Alle hierfür verwendeten Begriffe werden durch den Algorithmus zur Bestimmung eines Rankingwertes herangezogen.

- Vermeiden Sie unklare Dateinamen wie „201603_Laminat" und definieren sie treffende Benennungen mit inhaltlich relevanten Begriffen wie „Tutorial_Anleitung_HowTo_Tipps_Laminat_verlegen". Diese erleichtern es dem YouTube-Algorithmus, den Inhalt Ihrer Videos besser erfassen und damit auch einstufen zu können.

Abb. 1.4 Auswahl eines vorgeschlagenen oder benutzerdefinierten Thumbnails

1.2.4 Thumbnail

Das Vorschaubild Ihres Videos, das in den YouTube-Suchergebnissen neben dem Titel und dem Beschreibungstext angezeigt wird, wird als Thumbnail bezeichnet. Seine Gestaltung hat für die Algorithmen keine Bedeutung, ist jedoch neben dem Videoinhalt sehr entscheidend für Nutzerinteraktionen. Standardmäßig stehen Ihnen drei verschiedene Thumbnails je Video zur Verfügung, von denen Sie eines im Video-Manager Ihres YouTube-Kanals auswählen können (Abb. 1.4).

▶ Lassen Sie Ihren YouTube-Kanal verifizieren, um ein benutzerdefiniertes Thumbnail in der Größe 1280×720 Pixel und den Formaten JPG, GIF, BMP oder PNG für Ihre Videos einbinden zu können (Google). Die Verifizierung können Sie unter www.youtube.com/verify durchführen.

1.2.5 Tags

Neben dem Titel und dem Beschreibungstext Ihres Videos helfen Tags (Schlüsselbegriffe) dem Algorithmus von YouTube dabei, den thematischen Schwerpunkt Ihres Videos besser zu erfassen. Tags für Ihre Videos können sie jederzeit über den Videomanager Ihres YouTube-Kanals bearbeiten (Abb. 1.5).

▶ Bei der Vergabe von Tags sollten Sie neben generischen (z. B. Heimwerker, Heimwerken) und spezifischen Begriffen (z. B. Laminat, Laminat verlegen, Laminat do it yourself, Laminat DIY) auch Synonyme (z. B. Parkett, Parkett verlegen) und Pluralformen (z. B. Laminatböden verlegen) berücksichtigen. Greifen Sie hier auch erneut relevante Begriffe auf, die Sie bereits im Titel oder Beschreibungstext verwendet haben. Sollten Ihnen die Tagvorschläge von YouTube nicht zusagen, können Sie Ihre individuellen Tags nach Eingabe mit der Enter-Taste bestätigen.

1.2 Metadaten

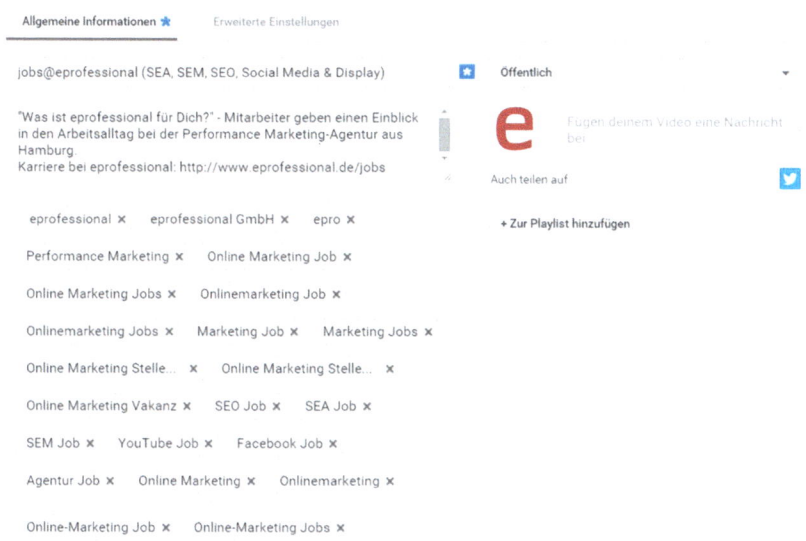

Abb. 1.5 Präzise Tags für ein besseres Ranking

1.2.6 Untertitel

Um Ihren Videos Untertitel hinzuzufügen, können Sie im Videomanager zwischen drei verschiedenen Möglichkeiten wählen. Sie können zum einen Untertitel erstellen, indem Sie parallel zur Video-Wiedergabe einen Text eingeben. Zum anderen können Sie ein Transkript der im Video vorkommenden Worte hochladen, die anschließend automatisch zugeordnet und an den passenden Stellen eingeblendet werden. Als dritte Option können Sie auf einen Transkripttext, der in einer Datei mit zeitgesteuerten Untertiteln hochgeladen wird, zurückgreifen (Abb. 1.6).

▶ Egal ob manuell oder automatisiert: Reichern Sie die Metadaten Ihres Videos mindestens um deutsche Untertitel an, die Nutzer bei Bedarf aufrufen können. Wenn Sie die automatische Spracherkennung nutzen, prüfen Sie in jedem Fall das Ergebnis und korrigieren Sie dieses, falls es fehlerhafte oder nicht richtig erkannte Wörter enthält. Mit Untertiteln bieten Sie nicht nur den Nutzern einen zusätzlichen Mehrwert an, sondern auch dem Algorithmus.

Abb. 1.6 Suchmaschinenoptimierung durch Untertitel

1.3 Nutzerinteraktionen

Mit den vorgestellten Faktoren, die den Metadaten zugeordnet werden, legen Sie den Grundstein für Nutzerinteraktionen. Diese haben einen positiven Einfluss auf die Platzierung Ihrer Videos in den YouTube-Suchergebnissen. Zahlreiche Beispiele aus der Praxis, die sich in den organischen Top-Positionen des Videoportals befinden, machen deutlich, dass die Anzahl der Nutzerinteraktionen mit dem Ranking korreliert. Diese stellen für den Algorithmus einen Indikator dar, ob Ihre Videos von den Nutzern als relevante Inhalte angesehen werden. Welche Faktoren dabei herangezogen werden und wie sich diese auf das Ranking auswirken, möchte ich Ihnen vorstellen.

1.3.1 Aufrufe

Es wird Sie vermutlich wenig überraschen, dass die Anzahl der organisch erzielten Aufrufe als Faktor für die Bestimmung des Rankingwertes herangezogen wird. Ein organischer Aufruf wird gezählt, wenn eine Wiedergabe von mindestens 11,5 Sekunden vorliegt, ohne dass dabei auf den Einsatz von Videoanzeigen zurückgegriffen wurde (Abb. 1.7).

▶ Neben dem bloßen Aufruf eines Videos ist für den Algorithmus sehr entscheidend, wie relevant Ihre Videos für Nutzer sind. Als Messmetrik hierfür wird die Zuschauerbindung herangezogen, die Auskunft darüber gibt, wie weit Nutzer Ihre Videos anschauen. Wenn Sie sich bei YouTube mit Benutzernamen und Passwort angemeldet haben, finden Sie diese in Ihrem Kanal unter dem Menüpunkt „Analytics".

1.3 Nutzerinteraktionen

Abb. 1.7 Aufrufzahl für ein YouTube-Video

Die Zuschauerbindung wird in eine absolute (wie oft wurden einzelne Videoabschnitte im Verhältnis zu allen Videoaufrufen wiedergegeben?) und eine relative Perspektive (wie gut kann mein Video die Zuschauer im Vergleich zu ähnlich langen Videos binden?) unterschieden. Aus diesen wird ersichtlich, an welchen Zeitpunkten in Ihren Videos verhältnismäßig viele Nutzer die Wiedergabe beenden. Beide Perspektiven bieten damit detaillierte Ansatzpunkte, um Ihre aktuellen und zukünftigen Videos im Hinblick auf die Nutzerattraktivität zu optimieren.

1.3.2 Einbettungen

Die eigene Webseite oder verschiedene thematisch passende Blogs: Die Möglichkeiten, Ihre Videos außerhalb von YouTube aufmerksamkeitsstark zu inszenieren, sind vielfältig und bieten viel kreativen Spielraum. Wenn Sie das Einbetten zulassen, können Ihre auf YouTube hochgeladenen Videos durch Sie oder durch Nutzer auch auf externen Webseiten eingebunden werden. Den dafür erforderlichen Code können Sie Ihrem Video unter den Menüpunkten „Teilen" und anschließend „Einbetten" entnehmen (Abb. 1.8).

▶ Wussten Sie, dass Sie nicht nur Videos, sondern auch Playlists auf einer Webseite einbetten können? So können Sie mehrere Videos zu einem Produkt oder aus einer Videoreihe prominent in Szene setzen. Die für die Einbettung einer Playlist erforderliche URL wird Ihnen direkt unter dem Video zur Verfügung gestellt. Unter SEO-Aspekten sollten Sie das Einbetten erlauben. Alle Aufrufe, egal ob sie von YouTube oder einer externen Webseite stammen, wirken sich positiv auf das Ranking und damit auf die organische Sichtbarkeit aus.

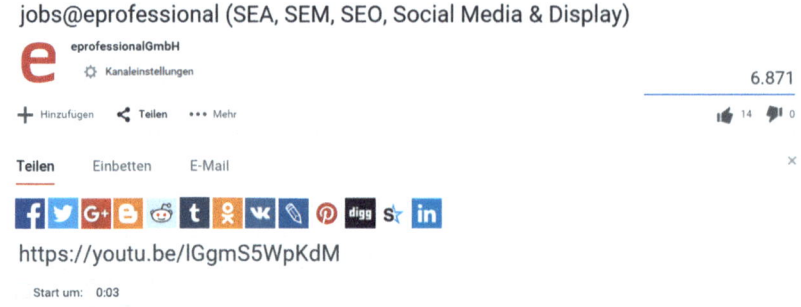

Abb. 1.8 URL zum Einbetten von YouTube-Videos

1.3.3 Teilen-Vorgänge, Kommentare, Bewertungen

Aktiven Einfluss auf das Ranking nehmen neben der Häufigkeit, mit der Ihre Videos geteilt und kommentiert werden, auch Videobewertungen, die über die „Daumen hoch"- bzw. „Daumen runter"-Funktion durch die Nutzer abgegeben werden. Je nach Ausprägung der Bewertung wirken sich diese positiv oder negativ auf das Ranking aus (Abb. 1.9).

▶ Aktivieren Sie Ihre Abonnenten: Die organische Sichtbarkeit Ihrer Videos wird durch die verschiedenen (für den Algorithmus relevanten) Nutzerinteraktionen und die definierten Metadaten direkt nach dem Hochladen gefördert.

▶ Obwohl den Nutzerinteraktionen eine große Bedeutung für das Ranking zukommt, sollte hier nicht mit Übereifer vorgegangen werden. Die Mechanismen der weltweit zweitgrößten Suchmaschine sind sehr gut darin, Spam oder gefälschte Interaktionen zu identifizieren. Diese wirken sich nicht nur negativ auf das Ranking aus, sondern können auch bei aufmerksamen Nutzern zu einer nachhaltig negativen Wahrnehmung einer Marke bzw. eines Produktes führen.

Abb. 1.9 URL zum Teilen eines YouTube-Videos

1.4 Gewichtung einzelner Faktoren

Das Ranking Ihrer Videos wird durch einen Gesamtwert bestimmt, der für jeden einzelnen Faktor der Metadaten und der Nutzerinteraktionen ein individuelles Gewicht ermittelt. Die Summe dieser Gewichte legt im Vergleich mit anderen Videos fest, ob und an welcher Stelle Ihr Video in den vorderen Suchergebnissen zu finden ist. Die verschiedenen Faktoren werden dabei durch den Algorithmus nicht gleich, sondern unterschiedlich behandelt. So wird einer „Daumen hoch"-Bewertung weniger Wert als einem Kommentar zugemessen, die beide wiederum aufgrund ihres geringeren Beteiligungsgrades einen vergleichsweise geringeren Stellenwert als das Teilen oder Einbetten eines Videos genießen.

Beachten Sie, dass der Rankingwert keiner statischen, sondern einer dynamischen Größe entspricht, die kontinuierlich neu ermittelt wird. Ursächlich hierfür ist das Alter Ihrer Videoinhalte, das der Zeitspanne zwischen dem Zeitpunkt des Uploads und dem aktuellen Zeitpunkt entspricht. Mit zunehmendem Alter eines Videos wird ihm auch sukzessive weniger Wertigkeit beigemessen. Weisen ein jüngeres und ein älteres Video eine identische Anzahl an Aufrufen unter sonst gleichen Rahmenbedingungen auf, so wird dennoch im direkten Vergleich das jüngere Video eine bessere Position in den YouTube-Suchergebnissen einnehmen. Die Zeit stellt damit eine dynamische Variable dar. Sie sorgt dafür, dass jüngere Videos bevorzugt werden, da der Algorithmus diesen ausgehend von der Aktualität eine höhere Relevanz für den Nutzer beimisst.

1.5 Fazit

Ob und an welcher Position ein Video organisch in den YouTube-Suchergebnissen erscheint, hängt von einer Vielzahl von Faktoren ab, die der Algorithmus zur Berechnung eines dynamischen Rankingwertes heranzieht. In diesem Kapitel haben Sie nicht nur die relevantesten Rankingfaktoren und die grundlegenden Mechanismen und Zusammenhänge zwischen den Metadaten und den Nutzerinteraktionen kennengelernt, sondern auch ein elementares Verständnis für die Funktionsweise und die Bedeutung des Algorithmus entwickelt. Sie besitzen damit das nötige Rüstzeug, um Ihre aktuellen und zukünftigen Videos unter SEO-Aspekten zu optimieren und die organische Reichweite Ihrer Videos nachhaltig zu steigern.

1.6 SEO-Checkliste

Die Suchmaschinenoptimierung auf YouTube umfasst verschiedene und direkt durch Sie beeinflussbare Faktoren, die eine unmittelbare Wirkung auf die organische Sichtbarkeit Ihrer Videos haben. Die Checkliste stellt die wichtigsten Metadaten übersichtlich dar und soll Ihnen dabei helfen, diese systematisch für die Algorithmen der zweitgrößten Suchmaschine und die Nutzer, die auf ihre Funktionen zurückgreifen, bestmöglich auszurichten.

- **Präzisen Video-Dateinamen formulieren**
  Werden bei der Benennung von geplanten Videos die Kernbegriffe im Dateinamen berücksichtigt, die den Inhalt Ihres Videos am prägnantesten wiedergeben?

- **Attraktiven Videotitel verfassen**
  Ist je Video ein aussagekräftiger Titel formuliert, der die wichtigsten Begriffe umfasst und sowohl für die Algorithmen als auch für die Nutzer interessant ist?

- **Informativen Beschreibungstext bereitstellen**
  Finden sich im Beschreibungstext Ihrer YouTube-Videos zusätzliche Informationen, die auch unter SEO-Aspekten die wichtigsten Schlüsselbegriffe leserfreundlich aufgreifen?

- **Individuelle Thumbnails gestalten**
  Umfassen Ihre Videos ein ansprechendes und aktivierendes Vorschaubild, das diese in den YouTube-Suchergebnissen und neben anderen Videos jeweils deutlich und mit hohem Wiedererkennungswert von der Konkurrenz abgrenzt?

- **Facettenreiche Tags nutzen**
  Sind bei den Schlagwörtern für Ihre YouTube-Videos generische und spezifische Schlüsselwörter, Singular- und Pluralformen, Falschschreibweisen und Synonyme vorhanden?

- **Automatische Untertitel prüfen**
  Zeigen die Untertitel aller Videos einen inhaltlich fehlerfreien Transkripttext an, der das gesprochene Wort jeweils zum richtigen Zeitpunkt einblendet?

Literatur

Google: Video Thumbnails. https://support.google.com/youtube/answer/72431?hl=de. zugegriffen: 5. Jan. 2016

YouTube-Videos interaktiv gestalten 2

Zusammenfassung
Unabhängig von großen Marken oder Werbebudgets sind für den Erfolg von YouTube-Videos vor allem drei Dinge ausschlaggebend: Authentizität, Kreativität und Interaktivität. Während die Voraussetzungen für alle drei Faktoren bereits bei der Videokonzeption geschaffen werden, so können interaktive Elemente auch noch im fertigen Video jederzeit im Sinne der eigenen Zielstellungen hinzugefügt, ergänzt oder entfernt werden. Mit Infokarten, Anmerkungen und dem Call-to-Action-Overlay stellt YouTube insgesamt drei Formate zur Verfügung, um Videos auch ohne den Einsatz von Werbebudget auf verschiedene Weisen interaktiv zu gestalten.

2.1 Infokarten

Videoverlinkungen, Spendenaufrufe oder Produkte aus dem Shop: Die Möglichkeiten, um mit Infokarten YouTube-Videos geräteübergreifend interaktiv zu gestalten, sind vielseitig. Nutzer erhalten durch das im März 2015 für Desktop-Computer, Tablets und Smartphones ausgerollte Format die Möglichkeit, für sie relevante Inhalte ganz individuell und intuitiv auszuwählen. Im Gegenzug können Werbungtreibende, die zum Beispiel ihre Produkte prominent in Szene gesetzt haben, über Infokarten qualitativ hochwertige Klicks für ihren Online-Shop erhalten. Großer Pluspunkt: Das vorhandene Videomaterial muss nicht zeit- und kostenaufwendig umgeschnitten oder nachbearbeitet werden, da sich die Infokarten über einen Teil des Abspielbereiches legen. Das interaktive Format wird bei organischen und bezahlten Videoaufrufen eingeblendet, Klicks sind jedoch nur bei der organischen Variante immer kostenlos. Neue und bestehende Infokarten können über den Video-Manager Ihres YouTube-Kanals oder direkt auf der Wiedergabeseite hinzugefügt und bearbeitet werden (Abb. 2.1).

Abb. 2.1 Auswahlmenü für einzelne Infokartentypen

Da sich sowohl die Infokarten als auch der Call-to-Action-Overlay im aus Nutzersicht sensiblen Abspielbereich befinden, werden nie beide parallel angezeigt. Machen Sie sich daher bereits bei der Konzeption eines Videos Gedanken darüber, welches interaktive Element in Ihren YouTube-Videos eingebunden werden soll. Grundsätzlich gilt: Verwenden Sie das Element, das im Zusammenspiel mit der Gestaltung und dem Inhalt Ihres Videos die angestrebten Branding- oder Performance-Ziele besser unterstützt. Je kreativer und interaktiver Sie Ihre Videos gestalten, desto erfolgreicher werden Sie mit Ihrem YouTube-Marketing sein. Anhand des Inhalts können sechs Typen von Infokarten unterschieden werden (Google a 2016).

Infokarten zu einer zugehörigen Webseite
Heben Sie in Ihren YouTube-Videos ausgewählte Produkte oder Kategorien auf Ihrer Webseite mit diesem Infokarten-Typ hervor. Ihnen steht es dabei frei, die einzelnen Karten individuell mit Störern, einer direkten Handlungsaufforderung oder einer konkreten Preiskommunikation zu gestalten.

▶ Um Infokarten mit einer Webseiten-Verlinkung nutzen zu können, müssen Sie zunächst Ihre Webseite mit Ihrem YouTube-Kanal verknüpfen. Dies können Sie nach vorheriger Anmeldung unter https://www.youtube.com/advanced_settings vornehmen.

2.1 Infokarten

Video- oder Playlist-Infokarten
Dieser Infokarten-Typ erlaubt es, weitere Videos einzeln oder in einer von Ihnen erstellten Playlist aufmerksamkeitsstark im Abspielbereich zu platzieren. Für Werbungtreibende, die eine Service-Strategie mit Bewegtbild-Inhalten verfolgen, bieten Video- und Playlist-Infokarten viel kreativen Spielraum für eigene Ideen.

▶ Nur Videos, die in Ihrem YouTube-Kanal öffentlich für alle Nutzer zugänglich sind, können für diesen Infokarten-Typ genutzt werden.

Kanal-Infokarten
Mit diesem Infokarten-Typ werden ein oder mehrere YouTube-Kanäle im Abspielbereich eines Videos angezeigt, sodass Nutzer diese direkt durch einen Klick aufrufen können. Eine benutzerdefinierte Nachricht sowie ein Teaser-Text können frei definiert werden. Das Infokartenbild hingegen ist bei dieser Variante vorgegeben und entspricht dem jeweiligen Avatar der empfohlenen YouTube-Kanäle.

Merchandising-Infokarten
Dieser Infokarten-Typ ist vergleichbar mit den Webseiten-Infokarten, unterscheidet sich jedoch in einem Punkt. Während bei den Webseiten-Infokarten auf jede beliebige URL verlinkt werden kann, so ist dies bei Merchandising-Infokarten nur bei von Google zugelassenen Einzelhändlern und Zielseiten möglich.

▶ Beim erstmaligen Erstellen von Merchandising-Infokarten muss speziellen Nutzungsbedingungen zugestimmt werden. Anschließend stehen verschiedene durch Google verifizierte Zielseiten zur Auswahl, die Sie beliebig für das interaktive Format verwenden können. Eine Auflistung der aktuell freigeschalteten Einzelhändler finden Sie unter https://support.google.com/youtube/answer/2760471.

Fundraising-Infokarten
Wohltätige und gemeinnützige Projekte können auf YouTube unkompliziert mit den Fundraising-Infokarten unterstützt werden, indem interessierte Nutzer bei einem Klick direkt auf die Webseite des jeweiligen Projektes weitergeleitet werden.

▶ Es können nur Fundraising-Webseiten und deren Projekte verlinkt werden, die von Google vorab geprüft und als seriös eingestuft wurden.

Infokarten zur Finanzierung durch Fans
Durch das Einbinden dieses Infokarten-Typs geben Sie allen Nutzern die Möglichkeit, direkt im Video über das interaktive Format einen frei wählbaren Geldbetrag an Sie zu überweisen.

▶ Sie müssen zunächst die Finanzierung durch Fans für Ihren YouTube-Kanal aktivieren, bevor Sie diese für Ihre Videos nutzen können. Die Aktivierung können Sie in den Kanaleinstellungen unter dem Menüpunkt „Status und Funktionen" vornehmen.

Bei Wiedergabe eines YouTube-Videos wird, sofern Infokarten von Beginn an eingebunden sind, ab der ersten Sekunde ein kleines Symbol im rechten oberen Bereich eingeblendet. Zu von Ihnen definierten Zeitpunkten erscheint eine Handlungsaufforderung, die links neben dem Infokarten-Symbol angezeigt wird. Sie können für jede Infokarte eine individuelle Handlungsaufforderung mit bis zu 25 Zeichen formulieren, die dann in verschiedenen zeitlichen Intervallen jeweils für sechs Sekunden sichtbar ist. Durch Klicken auf das Symbol oder auf die Handlungsaufforderung öffnet sich eine vertikale Galerie, die sich über den Abspielbereich legt. In dieser können, unabhängig vom Typ, maximal fünf Infokarten in gewünschter Reihenfolge präsentiert werden.

▶ Nutzen Sie Infokarten nicht nur, um zum Video passende Produkte im Rahmen einer Performance-Strategie aufmerksamkeitsstark einzubinden. Das interaktive Format ist auch bestens geeignet, um eine Service-Strategie auf YouTube effizient zu unterstützen. Dabei ist unerheblich, ob ein Nutzer Ihr Video organisch oder als TrueView InDisplay-Anzeige gesehen hat: Playlists, thematisch passende oder weiterführende Bewegtbild-Inhalte, die bedarfsgerecht aus dem Video heraus ausgewählt werden können, leisten einen großen Beitrag für einen unkomplizierten und nutzerfreundlichen Kundenservice auf YouTube.

2.2 Anmerkungen

Verschiedene Overlays, die in YouTube-Videos eingefügt werden können, werden als Anmerkungen bezeichnet. Sie erlauben es, Videos mit zusätzlichen Informationen in Form von Links und Texten anzureichern, die bei einer organischen Wiedergabe prominent im Abspielbereich angezeigt werden. Die Links können dabei zu weiteren YouTube-Inhalten führen oder den Nutzer bei einem für Sie kostenlosen Klick auf eine externe Webseite weiterleiten. Sie können Ihre Anmerkungen jederzeit über den Video-Manager hinzufügen oder nachträglich editieren. Klicken Sie hierfür im Video-Manager rechts neben dem gewünschten Video auf das Pfeilsymbol und wählen Sie anschließend im Dropdown-Menü „Anmerkungen" aus. Im Video-Manager Ihres YouTube-Kanals stehen Ihnen insgesamt fünf verschiedene Anmerkungstypen, die als Pop-up-Fenster im Abspielbereich eines Videos angezeigt werden, zur Verfügung (Google b 2016) (Abb. 2.2).

2.2 Anmerkungen

Abb. 2.2 Hinweis-Anmerkung mit Weiterleitung auf eine externe Webseite

Sprechblase
Wie der Name es schon verrät, sind Sprechblasen-Overlays optimal zum Erstellen von Pop-up-Feldern geeignet, die ausschließlich Textinhalte umfassen. Ihnen steht es dabei frei, zwischen den vorgegebenen Schriftgrößen und -farben sowie der Füllfarbe für die Sprechblase zu wählen.

Hinweis
Dieser Anmerkungstyp ist vergleichbar mit den Sprechblasen, unterscheidet sich jedoch in der Darstellungsform. Alle Hinweis-Anmerkungen können nur als rechteckiges Textfeld angelegt, jedoch genau wie die Sprechblasen an beliebigen Stellen und Zeitpunkten im Video platziert werden.

Titel
Besonders auffällige Text-Overlays können mit dem Titel-Anmerkungstyp erstellt werden. Im Vergleich zu Sprechblasen oder Hinweisen stehen standardmäßig drei Schriftgrößen zur Auswahl, die Ihre Botschaft im Abspielbereich deutlich hervorheben.

Label

Benennen und heben Sie mit den Label-Anmerkungen einen oder mehrere von Ihnen definierte Bereiche im Video für einen bestimmten Zeitraum hervor.

Spotlight

Im Gegensatz zu den Label-Anmerkungen wird mit Spotlight-Overlays nicht nur ein bestimmter Bereich im Video hervorgehoben, sondern gleichzeitig auch für die Nutzer klickbar gemacht. Dieser Typ ist besonders gut geeignet, um am Ende eines YouTube-Videos auf weitere thematisch passende Bewegtbild-Inhalte zu verlinken.

Über die Start- und Ende-Funktion oder die Zeitleiste kann für jeden Anmerkungstyp eine Zeitspanne festgelegt werden, in der dieser im Video eingeblendet werden soll. Bei der Gestaltung der Anmerkungen haben Sie, im vorgegebenen Rahmen, hinsichtlich der Hintergrundfarbe und der Schriftgröße freie Hand, um Ihre aktuellen und geplanten Videos mit vergleichsweise wenig Aufwand interaktiv zu gestalten. Besonders gute Ergebnisse mit Anmerkungen lassen sich erzielen, wenn bereits bei der Konzeption, dem Dreh und dem finalen Schnitt darauf geachtet wird, bestimmte Bereiche im Video für Anmerkungen zu berücksichtigen. Hierdurch ergeben sich Spielräume, um durch die kreative Platzierung von Anmerkungen die Interaktivität und gleichzeitig auch die Relevanz für die Nutzer zu erhöhen. Diese wirken sich positiv auf die Markenwahrnehmung und den Bekanntheitsgrad aus.

> ▶ Anmerkungen können nicht nur für organische Video-Wiedergaben genutzt werden, sondern auch für TrueView-Anzeigenformate. Einzige Voraussetzung: Sie benötigen ein Whitelisting, das Sie jederzeit kostenlos über Ihren Google-Ansprechpartner beantragen können. Liegt das Whitelisting vor, sind alle eingebundenen Anmerkungen auch bei TrueView InStream- und InDisplay-Anzeigen verfügbar und bieten Ihnen die Möglichkeit, sich mit einfallsreichen Videokonzepten deutlich von Konkurrenten zu differenzieren und Ihre Branding- und Performance-Ziele effizient zu unterstützen.

2.3 Call-to-Action-Overlay

Neben den Infokarten und Anmerkungen stellt der Call-to-Action-Overlay eine Möglichkeit dar, um Ihre Videos mit einer kostenlosen Bild-Text-Kombination anzureichern, die unten links im Abspielbereich eingeblendet wird. Dabei ist unerheblich, ob Ihr Video organisch (ohne den Einsatz von TrueView InStream- oder TrueView InDisplay-Anzeigen) oder durch ein TrueView-Anzeigenformat wiedergegeben wird: Der Overlay wird in beiden Fällen angezeigt. Er ermöglicht es interessierten Nutzern, über einen organischen und für Sie kostenlosen Klick direkt auf eine weiterführende externe Webseite zu gelangen. Formulieren Sie hierfür, wie es der Name des Overlays schon verrät, mithilfe eines Thumbnails, einer Beschreibungszeile und einer angezeigten URL einen konkreten und aktivierenden Call-to-Action (Abb. 2.3).

Da sich der Overlay aus Nutzersicht im sensiblen Abspielbereich eines Videos befindet, reduziert sich dieser nach 15 Sekunden bei ausbleibender Interaktion auf das Thumbnail und maximiert sich bei einer Mouse-over-Bewegung wieder. Wenn Sie für den Overlay nur von der Beschreibungszeile und der angezeigten URL Gebrauch machen wollen, ist dies ebenfalls jederzeit möglich, da das Thumbnail nur ein optionales Element darstellt. Der Overlay reduziert sich dann ebenfalls nach 15 Sekunden auf ein Pfeilsymbol. Beachten Sie, dass der Overlay wie eine Pop-up-Anzeige durch Anklicken des X-Symbols nach Belieben durch den Nutzer

Abb. 2.3 Call-to-Action-Overlay bei organischer Video-Wiedergabe

Abb. 2.4 Bearbeitungsmenü für einen Call-to-Action-Overlay („Google and the Google logo are registered trademarks of Google Inc., used with permission.")

geschlossen werden kann. Der Overlay bleibt während der aktuellen Video-Wiedergabe ausgeblendet, wird bei allen künftigen Wiedergaben aber wieder im Abspielbereich angezeigt.

Über Ihr Google AdWords-Konto können Sie kostenlos einen neuen Call-to-Action-Overlay erstellen oder einen bestehenden bearbeiten. Navigieren Sie hierfür zu Ihren Videokampagnen, wählen sie den Menüpunkt „Videos" und anschließend „Call-to-Action-Overlay hinzufügen" bzw. „Call-to-Action-Overlay anzeigen" beim gewünschten Video aus. Damit der Overlay auch über den Video-Manager bearbeitet werden kann, muss dieser zunächst über das AdWords-Konto aktiviert werden (Abb. 2.4).

Für den Overlay gelten folgende Spezifikationen:

- Dateityp Bild: JPG, PNG, GIF
- Bildgröße: 74 × 74 Pixel
- Anzeigentitel: maximal 25 Zeichen
- Angezeigte URL: maximal 35 Zeichen
- Ziel-URL: maximal 1016 Zeichen

▶ Formulieren Sie nicht nur im Anzeigentitel einen präzisen Call-to-Action, sondern machen Sie auch davon Gebrauch, die angezeigte URL möglichst aussagekräftig zu gestalten. Da diese nicht komplett der Ziel-URL entsprechen muss, ergibt sich hier kreativer Spielraum, um den Overlay mit ergänzenden Informationen anzureichern. Konkret bedeutet dies, dass www.Webseite.de/25%Rabatt oder www.Webseite.de/Gewinnspiel die Nutzer stärker als www.Webseite.de zu einer Interaktion animieren.

Prüfen Sie, ob Ihre derzeit aktiven TrueView InDisplay- und InStream-Anzeigen mit Overlay und Companion Banner ausgestattet sind. Falls dem nicht so ist, sollten Sie diese jetzt ergänzen, um die Klickrate und damit auch die Anzahl der Klicks zu steigern. Denn Overlay und Banner bieten nicht nur zusätzliche Fläche, um Marken, Produkte oder konkrete Angebote prominent zu inszenieren, sondern auch, um Interessenten direkt auf eine entsprechende Webseite zu leiten.

2.4 Fazit

YouTube stellt Kanalinhabern mit Infokarten, Anmerkungen und dem Call-to-Action-Overlay drei in ihrer Erscheinung und Funktionsweise unterschiedliche interaktive Formate zur Verfügung. Diese können mit wenig Aufwand eingerichtet werden und sind sowohl für organische als auch für bezahlte Video-Wiedergaben verfügbar. Über eine individuelle Gestaltung, die mit dem Videoinhalt harmonisch abgestimmt ist, lassen sich nicht nur mehr Interaktionen erzielen, sondern vor allem auch ein Qualitätsanstieg bei den Webseiten-Klicks verzeichnen. Ursächlich hierfür ist, dass die Nutzer durch eine interaktive Videogestaltung viel involvierter sind und die Möglichkeit haben, ganz bewusst zu entscheiden, ob sie über den Abspielbereich zu weiteren Videos oder Inhalten navigieren wollen. Die Interaktivität bringt dabei für Marken und Produkte einen großen Vorteil: Die während der Video-Wiedergabe kommunizierten Botschaften verankern sich besser im Gedächtnis der Nutzer, wodurch wertvolle Impulse für eine nachhaltig positive Wahrnehmung gesetzt werden.

Literatur

Google a: Videos Infokarten hinzufügen. https://support.google.com/youtube/answer/6140493?hlde&ref_topic=6140492. Zugegriffen: 5. Jan. 2016.
Google b: Anmerkungen erstellen und bearbeiten. https://support.google.com/youtube/answer/92710?hl=de. Zugegriffen: 5. Jan. 2016.

TrueView-Anzeigenformate im Überblick

3

Zusammenfassung

Vor 15 Jahren revolutionierte Google AdWords die Online-Werbung. Noch heute ist Suchmaschinenwerbung (Search Engine Advertising, SEA) einer der wichtigsten und effizientesten Online-Marketing-Kanäle für Unternehmen. Gibt ein Nutzer einen Begriff in die Suchmaschine ein, sieht er ausschließlich Anzeigen, die zu seiner Suchanfrage passen. Der Werbungtreibende zahlt nur, wenn der Nutzer tatsächlich auf die Anzeige klickt. So profitieren beide. Der Suchende erhält relevante Informationen und der Werbungtreibende findet Nutzer, die ein konkretes Interesse an seiner Marke bzw. seinen Produkten haben. Werben auf YouTube funktioniert ähnlich, geht aber noch einen Schritt weiter.

Die Algorithmen der weltweit zweitgrößten Suchmaschine nach Google sorgen dafür, dass Videoinhalte nicht nur in den Suchergebnissen der Videoplattform erscheinen, sondern zusätzlich auch vor oder neben thematisch passenden Videos. Dies hat einen klaren Vorteil gegenüber der klassischen Google-Suche: Nutzer, die auf YouTube eine Anleitung für ihren Internetanschluss suchen und entsprechende Begriffe in die Suchmaske eingeben, sehen neben verschiedenen How-to-Videos auch die Werbung entsprechender Anbieter. Die Nutzer sind dabei eher geneigt, die für sie relevanten Informationen kompakt in Form von multimedialen Inhalten zu konsumieren, als zum Beispiel FAQs der Internetanbieter nach der gewünschten Information zu durchsuchen. Sind die Videoinhalte sowohl inhaltlich und gestalterisch von hoher Qualität als auch zielgruppengerecht aufbereitet, dann verknüpft die Kombination aus Ton und Bewegtbild die Marken- oder Produktbotschaft mit Emotionen, die sich so im Vergleich zu anderen Online-Werbemaßnahmen besser im Gedächtnis der Nutzer verankert.

3.1 TrueView: nur zahlen, wenn der Nutzer interagiert

Alle Videokampagnen, die über Google AdWords für Video erstellt werden, werden nach TrueView abgerechnet. Das TrueView-Abrechnungsmodell basiert auf einem Auktionsverfahren, das anhand verschiedener Faktoren wie dem Maximalgebot, der Historie eines AdWords-Kontos und der TrueView-Kampagnen festlegt, welche Videoanzeigen in welcher Reihenfolge eingeblendet werden. Für jede einzelne Werbeeinblendung führt der Algorithmus eine individuelle Auktion in Echtzeit um die zur Verfügung stehenden Anzeigenplätze durch. Jeder Nutzer erhält dabei nur Werbeeinblendungen, die zu seinem individuellen Nutzungsverhalten passen. Wie auch in der Suchmaschinenwerbung gilt: Jedes Mal, wenn eine Ihrer Anzeigen geschaltet wird, hat sie im Vergleich zu anderen konkurrierenden Anzeigen erfolgreich am Auktionsverfahren teilgenommen. Jede Anzeige muss das Auktionsverfahren durchlaufen, um auch geschaltet zu werden. Wie das Auktionsverfahren grundsätzlich funktioniert, soll das nachfolgende Beispiel verdeutlichen.

3.1.1 Zusammenhang zwischen maximalem und tatsächlichem Aufrufpreis

Die Werbungtreibenden A, B und C wollen jeweils TrueView InStream-Anzeigen schalten und sind die einzigen Teilnehmer am Auktionsverfahren um einen verfügbaren Anzeigenplatz. A ist bereit, maximal 4,25 EUR für einen Videoaufruf zu bezahlen, B 4,00 EUR und C nur 2,00 EUR. In diesem Fall gewinnt A die Auktion, da er mit seinem Gebot im Vergleich zu B und C bereit ist, am meisten zu investieren. A muss dabei nicht das Maximalgebot von 4,25 EUR für einen Videoaufruf bezahlen, sondern nur einen tatsächlichen Aufrufpreis von 4,01 EUR. Denn: Mit 4,01 EUR liegt er 0,01 EUR über dem maximalen Aufrufpreis von B.

In der Realität wird beim Auktionsverfahren nicht nur das maximale Gebot der einzelnen Werbungtreibenden herangezogen, sondern auch die Historie des AdWords-Kontos. Diese berücksichtigt unter anderem, wie lange Sie bereits TrueView-Videoanzeigen schalten, wie sich die Kampagnenwerte im Zeitverlauf entwickelt haben und wie die Anzeigenformate von den Nutzern angenommen wurden. Diese und weitere Faktoren werden unter dem Qualitätsfaktor zusammengefasst, der je nach Ausprägung den tatsächlich zu zahlenden Aufrufpreis positiv als auch negativ beeinflussen kann.

Setzen wir das Beispiel fort: Die maximalen Gebote von A, B und C bleiben unverändert, jedoch kommt nun der Qualitätsfaktor ins Spiel. Es wird angenommen, dass sich dieser bei A, B und C zunächst jeweils auf den Wert 4 beläuft. Multipliziert man nun das maximale Gebot mit dem Qualitätsfaktor je Werbung-

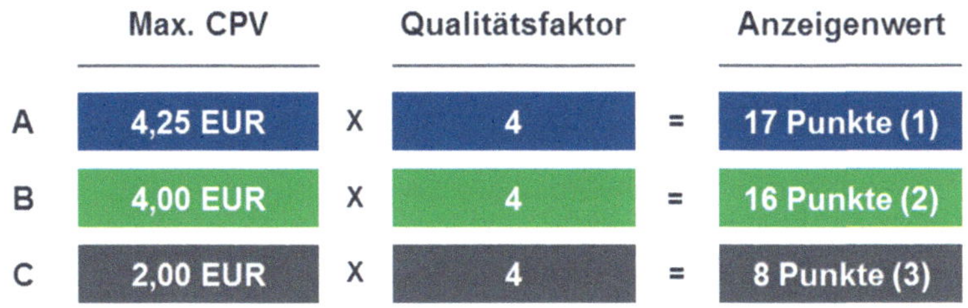

3.1 TrueView: nur zahlen, wenn der Nutzer interagiert

	Max. CPV		Qualitätsfaktor		Anzeigenwert
A	4,25 EUR	X	4	=	17 Punkte (1)
B	4,00 EUR	X	4	=	16 Punkte (2)
C	2,00 EUR	X	4	=	8 Punkte (3)

Abb. 3.1 Auktionsmodell mit gleichem Qualitätsfaktor

treibenden, erhält man im Ergebnis den Anzeigenwert. Dieser entscheidet im Vergleich mit den beiden konkurrierenden Anzeigen von B und C darüber, welche TrueView InStream-Anzeige vor einem anderen Video eingeblendet wird. A gewinnt hier die Auktion, da er mit einem Anzeigenwert von 17 das höchste Ergebnis vorweisen kann. Obwohl C diese Auktion nicht gewonnen hat, muss dieser, rein rechnerisch, 0,01 EUR bezahlen, da es neben A und B keine weiteren Konkurrenten gibt (Abb. 3.1).

Gehen wir mit dem gewählten Beispiel noch einen Schritt weiter: In der täglichen Praxis treten abweichende Qualitätsfaktoren im Bereich von 1 (sehr niedrig) bis 10 (sehr hoch) auf. Diese variablen Faktoren resultieren aus den unterschiedlichen Voraussetzungen, die sich zum Beispiel aus der Konto- und Kampagnen-Historie sowie weiteren Faktoren ergeben. A wird ein Qualitätsfaktor von 4, B von 6 und C von 8 zugeordnet. Durch die Bestimmung des Anzeigenwertes wird deutlich: Obwohl B nicht mit dem höchsten Gebot in die Auktion geht, gewinnt er diese aufgrund seines spezifischen Qualitätsfaktors dennoch mit einem Anzeigenwert von 24 (Abb. 3.2).

Was muss der Werbungtreibende B nun für einen Videoaufruf bezahlen? Für die Antwort auf diese Frage spielt der Anzeigenwert eine entscheidende Rolle. B kann hier mit seiner TrueView InStream-Anzeige 24 Punkte vorweisen, er benötigt

	Max. CPV		Qualitätsfaktor		Anzeigenwert
A	4,25 EUR	X	4	=	17 Punkte (2)
B	4,00 EUR	X	6	=	24 Punkte (1)
C	2,00 EUR	X	8	=	16 Punkte (3)

Abb. 3.2 Auktionsverfahren mit ungleichen Qualitätsfaktoren

jedoch nur 18 Punkte, um A zu schlagen. Dividiert man nun den Anzeigenwert von 18 durch den Qualitätsfaktor von 6, so ergibt sich ein tatsächlich zu zahlender Preis für einen bezahlten Videoaufruf von EUR 3.

▶ Die im Beispiel gewählten Beträge für den maximalen Aufrufpreis sind lediglich als Beispielwert zu verstehen, um die grundsätzliche Funktionsweise des TrueView-Auktionsverfahrens anhand einfacher Zahlenbeispiele zu verdeutlichen. Diese haben keinen konkreten Bezug zu den in der Realität definierten Aufrufpreisen und sollten in dieser Ausprägung keinesfalls für eine Anzeigenschaltung auf YouTube verwendet werden.

Ebenso kann die Anzahl der Teilnehmer je Auktion und damit auch der tatsächlich zu zahlende Aufrufpreis variieren. Unter anderem könnte es folgende Gründe dafür geben:

- Das Tagesbudget ist aufgebraucht.
- Die Kampagnen werden zu bestimmten Tageszeiten durch den Werbezeitplaner pausiert.
- Die Kampagnen werden automatisch oder manuell pausiert, wenn das Enddatum für die Anzeigenschaltung erreicht oder die Laufzeit händisch beendet wurde.
- Die durchschnittliche Kontakthäufigkeit für eine bestimmte Zielgruppe ist durch das Frequency Capping erreicht.
- Neue oder editierte TrueView-Anzeigen werden vorerst abgelehnt, da Verstöße gegen die Werberichtlinien vorliegen.

▶ Wenn Sie eine neue TrueView-Kampagne erstellen, ist diese zum Start auch ohne extrem hohen maximalen Aufrufpreis keineswegs chancenlos. Denn: Junge Kampagnen starten zunächst mit einem etwas höheren Qualitätsfaktor, der dann im Zeitverlauf anhand der erzielten Kampagnen-Ergebnisse und der erreichten Nutzerinteraktionen sukzessive auf den tatsächlichen Wert berichtigt wird. Dies bedeutet für Sie, dass Sie bei einem guten Kampagnen-Setup von Beginn an keine übertreuerten Aufrufpreise zahlen müssen, um im Wettbewerb um die zur Verfügung stehenden Anzeigenplätze erfolgreich zu sein.

3.1.2 Zusammenhang zwischen maximalem Aufrufpreis und Reichweite

Die Anzahl der gewonnenen Auktionen lässt sich an den Impressionen bemessen, da jede Impression voraussetzt, dass eine TrueView-Videoanzeige auf einem der zur Verfügung stehenden Anzeigenplätze eingeblendet wurde. Dabei ist nicht nur von Bedeutung, wie die grundlegenden Mechanismen des TrueView-Auktionsverfahrens funktionieren, sondern vor allem, wie Sie das Mediabudget im Rahmen des Auktionsverfahrens möglichst effizient für Ihre Branding- und Performance-Kampagnen einsetzen können. Vor diesem Hintergrund ist der maximale Aufrufpreis für TrueView-Kampagnen ein zentrales Steuerungsinstrument, da er einen direkten Einfluss auf den tatsächlich zu zahlenden Aufrufpreis und gleichzeitig auch auf die Anzahl der Impressionen hat. Das Zusammenspiel all dieser Faktoren zeigt das nachfolgend vorgestellte Modell des Reichweitentrichters auf. Aus diesem lassen sich auch Ansätze für die tägliche Steuerung und Optimierung von TrueView-Kampagnen ableiten.

Auf der vertikalen Achse des Reichweitentrichters ist die Anzahl der Impressionen je Tag abgetragen, die als ein Leistungsindikator für die Reichweite herangezogen wird. Die effektive Reichweite bei gleichbleibendem Tagesbudget und Maximalgebot kann dabei variieren. Ausschlaggebend für die Schwankungen bei den Impressionen ist neben einer dynamischen Wettbewerbssituation durch das TrueView-Auktionsverfahren beispielsweise auch eine der folgenden Maßnahmen:

- Themen- und Interessenkategorien, Alters- und Geschlechtersegmente, Remarketing-Listen und KeyWords wurden zu den bestehenden Zielgruppenkriterien hinzugefügt oder von diesen ausgeschlossen.
- Die Größe von aktiven Remarketing-Listen, die konkret an der Marke oder am Produkt interessierte Nutzer umfassen, nimmt kontinuierlich zu.
- Die Größe von inaktiven Remarketing-Listen nimmt kontinuierlich ab, da die maximale Cookie-Laufzeit für markierte Nutzer erreicht ist und keine neuen mehr hinzugefügt werden.
- Die durchschnittliche Kontakthäufigkeit von Nutzern mit TrueView-Anzeigenformaten wurde erhöht oder gesenkt.
- Einzelne Endgeräte werden für den weiteren Kampagnenverlauf ergänzt oder für diesen nicht weiter berücksichtigt.
- Die Tageszeiten, an denen die TrueView-Anzeigen geschaltet werden, werden sukzessive eingegrenzt oder ausgeweitet.

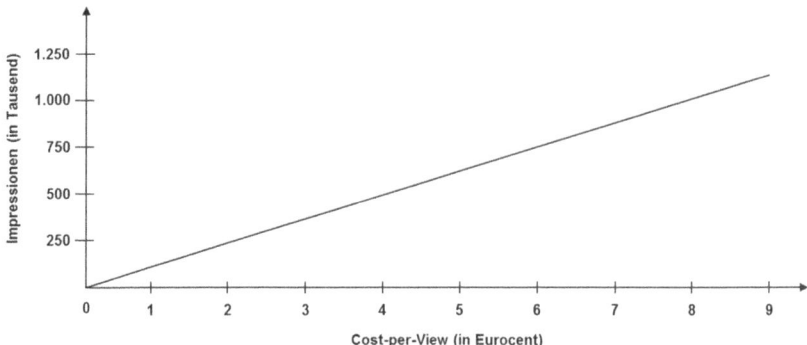

Abb. 3.3 Zusammenhang zwischen maximalem Gebot und Reichweite

Die genannten Maßnahmen machen eines deutlich: Im Google AdWords-Konto sind zahlreiche Stellschrauben vorhanden, die einen direkten Einfluss auf das Volumen der Impressionen haben. Im Zusammenspiel definieren diese, wie stark der Reichweitengraph ansteigt. Während für die Steigerung der Markenbekanntheit eher eine breite Zielgruppe im Bewerbungszeitraum angesprochen wird, kann unter Performance-Aspekten die erneute Ansprache von hochrelevanten, jedoch spitzen Zielgruppen über Remarketing-Listen erfolgreicher sein (Abb. 3.3).

Auf der Horizontalen sind verschiedene Werte für den maximalen CPV abgetragen, der jederzeit über das Google AdWords-Konto erhöht oder verringert werden kann. Dabei ist zu beachten: Je niedriger der maximale CPV bei sonst gleichen Rahmenbedingungen, desto geringer ist im direkten Vergleich auch die erzielte Reichweite. Mit steigendem Maximalgebot ergibt sich genau der gegenteilige Effekt. Der maximale CPV kann in diesem Zusammenhang als zentrale Steuerungsgröße verstanden werden, mit dem Sie übergeordnet und unmittelbar großen Einfluss auf das tatsächlich erreichte Impressionsvolumen haben. Welchen konkreten Einfluss der maximale CPV nun auf die Reichweite hat und wie er für die Optimierung von TrueView-Kampagnen genutzt wird, soll an einem Beispiel vorgestellt werden.

Ein Werbungtreibender ist bereit, maximal 8 Cent für einen Videoaufruf mit TrueView InStream-Anzeigen auf mobilen Endgeräten, Tablets und Desktop-Computern zu bezahlen. Das Maximalgebot reguliert dabei die Reichweite, die sich mit der definierten Zielgruppe realisieren lässt. Sie entspricht der schraffierten Fläche und umfasst die Anzahl an Impressionen, die sich maximal mit dem zur Verfügung stehenden Tagesbudget und für höchstens 8 Cent realisieren lässt (Abb. 3.4).

3.1 TrueView: nur zahlen, wenn der Nutzer interagiert

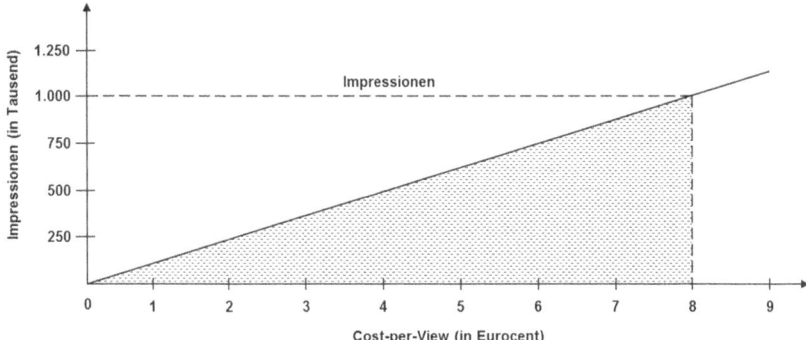

Abb. 3.4 Maximale Reichweite bei einem Gebot von 8 Cent

Angenommen, die Aufrufrate im gewählten Beispiel für TrueView InStream-Anzeigen beträgt 50 %, so erzielt der Werbungtreibende mit seinem maximalen Gebot 500.000 Videoaufrufe je Tag. Weiterhin wird angenommen, dass für jeden Videoaufruf nach dem TrueView-Auktionsverfahren ein durchschnittlicher Aufrufpreis von 7 Cent abgerechnet wird. Demnach kann täglich ein Mediabudget in Höhe von 35.000 EUR (7 Cent * 500.000 Videoaufrufe) einsetzen.

Reduziert der Werbungtreibende nun sein Maximalgebot bei sonst unveränderten Zielgruppenkriterien auf 7 Cent, so hat diese Maßnahme zwei Effekte: Zum einen verringert sich gemäß dem Reichweitentrichter durch das neue Gebot die Anzahl der Impressionen. Zum anderen sinkt gleichzeitig der durchschnittliche Aufrufpreis. Dieser soll sich im skizzierten Beispiel bei 6 Cent einpendeln. Bei einer weiterhin konstanten Aufrufrate von 50 % sind nun insgesamt nur noch 26.250 EUR Mediabudget (6 Cent * 437.500 Videoaufrufe) erforderlich. Im Ergebnis ist der durchschnittliche Aufrufpreis im Vergleich zum vorher höheren Maximalgebot gesunken, da alle Anzeigenplätze im TrueView-Auktionsverfahren, die mehr als 7 Cent kosten, nicht weiter für die Schaltung der TrueView InStream-Anzeigen des Werbungtreibenden berücksichtigt werden (Abb. 3.5).

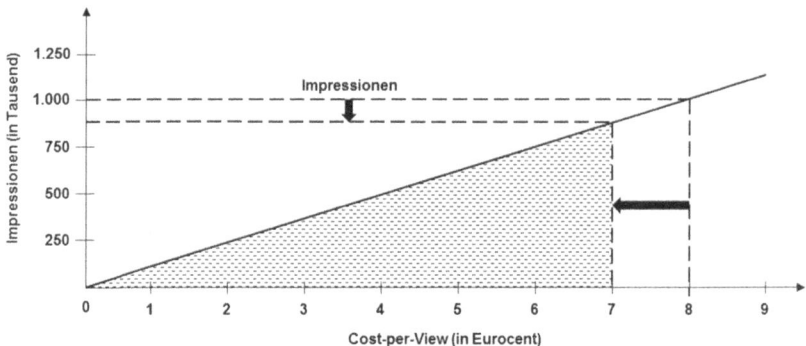

Abb. 3.5 Effekt einer Gebotsreduktion auf die Reichweite

▶ Aus dem Verhältnis zwischen dem maximalen CPV und dem tatsächlich pro Tag eingesetzten Mediabudget müssen hinsichtlich der Steuerung und Optimierung von TrueView-Kampagnen zwei Szenarien unterschieden werden. Im ersten Fall wird das Tagesbudget nicht völlig ausgeschöpft. Prüfen Sie zunächst, ob Sie die Zielgruppenkriterien sinnvoll erweitern können. Ist diese Maßnahme nicht möglich oder bringt nur einen geringen Erfolg, sollten Sie erst im letzten Schritt Ihre Gebote leicht anheben. Bedenken Sie jedoch, dass hierdurch auch der tatsächliche Aufrufpreis steigen wird.

Im zweiten Fall wird das Tagesbudget regelmäßig komplett ausgeschöpft. Gemäß dem Reichweitentrichter sollten Sie Ihr Maximalgebot leicht reduzieren. Hierdurch verringert sich zwar auch die maximale Reichweite, die Sie erzielen können, jedoch werden Sie so mit dem zur Verfügung stehenden Mediabudget günstigere Aufrufpreise realisieren. Wiederholen Sie die Gebotsreduktion, bis das Tagesbudget erstmals nicht mehr vollständig eingesetzt werden kann. Handelt es sich dabei um eine kleine Differenz zwischen dem definierten und dem tatsächlich ausgeschöpften Budget, sollten Sie den Kampagnen einige Tage Zeit geben, um aufgrund von eventuellen temporären Schwankungen nicht voreilig das Gebot zu erhöhen. Ist die Differenz auch nach einigen Tagen noch vorhanden oder sogar größer geworden, sollten die im ersten Fall beschriebenen Maßnahmen ergriffen werden.

▶ Beachten Sie, dass bei Gebotsänderungen und vor allem Senkungen des maximalen Aufrufpreises mit Vorsicht agiert werden muss. Wird das Maximalgebot zu schnell oder zu radikal gesenkt, kann dies nachhaltig negative Auswirkungen haben. Grundsätzlich gilt: Geben Sie den Kampagnen zu Beginn einige Tage Zeit und lassen Sie diese währenddessen unangetastet. Anschließend können Sie die Kampagnen anhand der vorliegenden Ergebnisse optimieren und zum Beispiel auch den maximalen Aufrufpreis sukzessive senken. Gemäß dem Reichweitentrichter ist zu beachten: Wenn die Kampagnen das täglich zur Verfügung stehende Mediabudget nicht mehr vollständig ausschöpfen, sollten Sie die Gebote nicht weiter reduzieren.

Beim Reichweitentrichter handelt es sich um ein vereinfachtes Modell, das die Auswirkungen von Gebotsänderungen bei sonst konstanten Rahmenbedingungen auf das reine Aufrufvolumen simuliert. In der Realität treten durch einen dynamischen Wettbewerb um die zur Verfügung stehenden Anzeigenplätze Schwankungen in der Reichweite auf. Das Modell soll Ihnen jedoch die grundsätzlichen Zusammenhänge zwischen Maximalgebot und möglicher Reichweite verdeutlichen und Sie in die Lage versetzen, im Wettbewerb mit konkurrierenden Anzeigen durch eine effiziente Kampagnensteuerung die richtigen Entscheidungen im Hinblick auf Ihre Zielstellungen zu treffen.

3.1.3 TrueView-Abrechnungsmodell

Im März 2015 wurde das Abrechnungsmodell für alle TrueView-Kampagnen grundlegend überarbeitet. Waren bis zu diesem Zeitpunkt alle Klicks, die Nutzer auf eine externe Webseite weitergeleitet haben, kostenlos, so ist dies nun nicht mehr der Fall. TrueView misst jetzt, ob interessierte Nutzer mit dem beworbenen Video interagieren. Eine Interaktion liegt vor, wenn Nutzer die TrueView-Anzeige wiedergeben oder auf ein Anzeigenelement klicken. Erst wenn einer der beiden Fälle eintritt, entstehen für den Werbungtreibenden Kosten. Für alle TrueView-Anzeigenformate wird der Aufrufpreis, der auch Cost-per-View (CPV) genannt wird, als Standardpreismodell herangezogen. Hierbei muss, wie bereits in den beiden vorangegangenen Abschnitten beschrieben, jedoch eine differenzierte Betrachtung des Leistungsindikators erfolgen. Während der maximale CPV dem von Ihnen festgelegten Höchstgebot für einen Videoaufruf entspricht, ergibt sich aus dem gesamten Aufrufvolumen in Verbindung mit dem durchschnittlichen Aufrufpreis der Betrag, der Ihnen gemäß dem TrueView-Preismodell in Rechnung gestellt wird. Jede der folgenden Interaktionen wird nun bei AdWords für Videos als Aufruf gezählt und abgerechnet:

- TrueView InStream-Anzeige: bei einer Wiedergabe von mindestens 30 s oder der gesamten Länge, wenn das beworbene Video kürzer ist
- TrueView InDisplay-Anzeige: bei einem Klick auf das Anzeigenformat, das in den YouTube-Suchergebnissen oder neben anderen YouTube-Videos platziert werden kann
- Klick auf den Kanal-Avatar
- Klick auf den Videotitel, der oben im Abspielbereich eines beworbenen Videos angezeigt wird
- Klick auf die Handlungsaufforderung der Infokarten
- Klick auf die Teilen-Funktion
- Klick auf das Companion Banner oder die Videowall
- Klick auf den Call-to-Action-Overlay
- Klick auf die angezeigte Ziel-URL

▶ Mehrfache Interaktionen mit einem beworbenen YouTube-Video werden nicht abgerechnet. Wenn mehrere der genannten Interaktionen während einer Werbeeinblendung erfolgen, wird nach dem TrueView-Abrechnungsmodell immer nur die erste gezählt und Ihnen in Rechnung gestellt. Während eine Video-Wiedergabe bei einer TrueView InStream-Anzeige von mindestens 30 s ohne Klick nur als Aufruf gezählt wird, erhöht ein Klick auf zum Beispiel das Companion Banner vor der 30. s die Aufrufe und Klicks. Kurz gesagt: Jede Interaktion, egal ob es sich um einen Klick oder eine Video-Wiedergabe handelt, erhöht auch immer die Anzahl der Aufrufe. Die Anzahl der reinen Aufrufe erhalten Sie, wenn Sie alle Klick-Interaktionen von der Summe aller im Google AdWords-Konto ausgewiesenen Aufrufe abziehen.

3.2 TrueView InDisplay-Anzeigen

Das kontextbezogene Werbeformat der TrueView InDisplay-Anzeigen kann auf der Suchergebnisseite bei Suchanfragen, neben thematisch passenden Videos in der rechten Spalte der vorgeschlagenen Videos oder im Google-Display-Netzwerk (GDN) erscheinen. Egal, ob Sie Ihre Videos in den YouTube-Suchergebnissen oder neben anderen Videos platzieren: TrueView InDisplay-Anzeigen werden immer in den Top-Positionen über den organischen Videos angezeigt. Aufgrund der damit verbundenen Präsenz sind diese dafür prädestiniert, ein für Ihre Marke oder Ihr Produkt relevantes Umfeld auf YouTube abzudecken. Und dank TrueView zahlen Sie für eine Anzeigen-Impression, die bereits positive Effekte auf den Bekanntheitsgrad hat, nichts. Ein Klick auf die TrueView InDisplay-Anzeige führt direkt zum beworbenen Video, das entweder in Ihrem YouTube-Kanal oder einzeln auf einer separaten Wiedergabeseite abgespielt wird.

3.2.1 TrueView InDisplay-Anzeigen in den YouTube-Suchergebnissen

Nach Eingabe eines Suchbegriffes erscheinen maximal zwei zur Suchanfrage des Nutzers passende TrueView InDisplay-Anzeigen in den YouTube-Suchergebnissen. Diese werden über den organischen Ergebnissen angezeigt und bestehen jeweils aus einem Vorschaubild (Thumbnail) sowie einer Überschrift und zwei Textzeilen, die Sie frei definieren können. Um in den Suchergebnissen zu erscheinen, ist eine KeyWord-Buchung wie bei der klassischen Suchmaschinenwerbung erforderlich. Analog zu diesem können Sie Ihre KeyWords mit den Buchungsoptionen „weitgehend passend", „passende Wortgruppe" und „genau passend" hinzufügen und darüber sehr genau steuern, bei welchen Suchanfragen Ihre Videoinhalte als Anzeige präsent werden sollen. Negative KeyWords können Sie über die auszuschließenden Ziele definieren.

> ▶ In der täglichen Praxis haben sich zwei Dinge bei TrueView InDisplay-Anzeigen in den YouTube-Suchergebnissen bewährt: Zum einen sollten sie neben spezifischen Marken- und Produktbegriffen auch auf geeignete generische KeyWords zurückgreifen, über die sich das größere Aufrufvolumen erzielen lässt. Zum anderen sollten Sie bevorzugt die Buchungsoptionen „weitgehend passend" verwenden und leistungsstarke KeyWords und deren Kombinationen sukzessive in den beiden anderen Buchungsoptionen testen.

3.2.2 TrueView InDisplay-Anzeigen neben anderen Videos

Um ein für Sie relevantes Umfeld auf YouTube abzudecken, sollten Sie Ihre TrueView InDisplay-Anzeigen nicht nur in den Suchergebnissen schalten, sondern ergänzend auch neben thematisch passenden Videos in der Spalte der vorgeschlagenen Videos. Die Wahrscheinlichkeit, dass Ihr Video bei thematisch passenden Platzierungen aufgerufen und angeschaut wird, ist hoch, da die Nutzer die vorgeschlagenen Videos häufig als ersten Anlaufpunkt zur Auswahl des nächsten Videos heranziehen. Für Sie bedeutet dies, dass Sie mit einer ansprechenden und zur Zielgruppe passenden Gestaltung des Thumbnails und des Textes all Ihrer TrueView InDisplay-Anzeigen einen großen Beitrag für deren Attraktivität und Wahrnehmung leisten können.

▶ Egal, ob Sie Ihre Videos in den YouTube-Suchergebnissen schalten oder neben anderen Videos: Wählen Sie als Wiedergabeort für Ihre Videos stets Ihren YouTube-Kanal aus, um darüber zusätzliche Nutzerinteraktionen zu erzielen. So können Nutzer, nachdem sie Ihr beworbenes Video wiedergegeben haben, direkt weitere für sie relevante Videos konsumieren. Diese Interaktion wird in Ihrem AdWords-Konto als „erzielter Aufruf" verzeichnet und Ihnen nicht in Rechnung gestellt. Wo Ihr Video bei einem Klick auf das Anzeigenformat wiedergegeben werden soll, können Sie beim Erstellen definieren und jederzeit nachträglich anpassen.

3.3 TrueView InStream-Anzeigen

Das Werbeformat der InStream-Anzeigen, das häufig auch als PreRoll-Anzeige bezeichnet wird, ist mit einem klassischen TV-Spot vergleichbar und platziert ein beworbenes Video vor dem eigentlich vom Nutzer aufgerufenen Videoinhalt. Der Nutzer hat die Möglichkeit, das vorab eingeblendete Video nach einer Wiedergabedauer von fünf Sekunden zu überspringen. Der Werbungtreibende aber zahlt erst, wenn ein Nutzer das beworbene Video mindestens 30 s angeschaut hat, oder die gesamte Videoanzeige, wenn diese kürzer ist. Der Vorteil liegt klar auf der Hand: Wenn Sie Ihr Marken- oder Produktlogo und die zentrale Botschaft in den ersten fünf Sekunden charmant in Szene setzen, können Sie die Bekanntheit auch bei Nutzern, die Ihr Video überspringen, stärken – und zahlen für diese Kontakte nichts, da Impressionen und auch Klicks bei allen TrueView-Formaten keine Kosten verursachen.

3.3.1 Companion Banner

TrueView InStream-Anzeigen sind besonders effektiv, wenn man sie um ein Companion Banner ergänzt. Das kostenlose Begleitbanner, das rechts neben dem Abspielbereich in der Top-Position der Spalte der vorgeschlagenen Videos angezeigt wird, kann jederzeit über Ihr Google AdWords-Konto hinzugefügt oder ausgetauscht werden. Analog zu klassischen Display-Anzeigen kann dieses in einer

3.3 TrueView InStream-Anzeigen   33

Abb. 3.6 TrueView InStream-Anzeige mit Companion Banner. (Bildrechte: drogeriemarkt dm)

statischen (alle JPG-Dateiformate) oder einer animierten Variante (alle GIF- und SWF-Dateiformate) integriert werden. Zusätzliche Aufmerksamkeit durch das Banner wird dabei sowohl über wechselnde und den Videoinhalt ergänzende Bildbotschaften garantiert, als auch dadurch, dass das Banner, selbst wenn die TrueView InStream-Anzeige übersprungen oder komplett geschaut wurde, weiterhin präsent ist und noch kostenfreie Klicks erzielen kann (Abb. 3.6).

Beachten Sie, dass das Companion Banner nur bei TrueView InStream-Anzeigen und damit auch nur auf der YouTube-Wiedergabeseite sichtbar ist. Für Sie bedeutet dies, dass das Begleitbanner derzeit weder auf verschiedenen Mobilgeräten, in eingebetteten Video-Playern noch auf verbundenen Fernsehgeräten und Spielekonsolen sichtbar ist. Dennoch stellt das Banner als kostenlose Ergänzung Ihrer TrueView InStream-Anzeigen eine zusätzliche und kostenlose Werbefläche dar, um mit Ihren Produkt- und Markenbotschaften durch kreative Bannergestaltung mehr Aufmerksamkeit und Webseiten-Klicks zu erzielen.

Für das Companion Banner gelten folgende Spezifikationen (Google):

- Dateityp: JPEG, JPG, GIF und SWF
- Dateigröße: maximal 150 KB
- Bildgröße: 300 × 60 Pixel
- Bildfrequenz: bis zu 24 fps
- Animationsdauer: maximal 30 s

▶ Optional zum Companion Banner kann ebenfalls kostenlos eine Videowall bei TrueView InStream-Anzeigen genutzt werden. Sie verdichtet auf 300 × 250 Pixeln die relevantesten Daten Ihres YouTube-Kanals in einer übersichtlichen Box. Diese umfasst die Vorschaubilder der drei zuletzt hochgeladenen Videos Ihres YouTube-Kanals inklusive der jeweiligen Wiedergabehäufigkeit sowie ein Kanal-Thumbnail mit Abonnentenzahl.

3.3.2 Unterschied zwischen InStream- und TrueView InStream-Anzeigen

Ihnen sind auf YouTube sicher bereits InStream-Anzeigen begegnet, die Sie nicht nach fünf Sekunden überspringen konnten. Achtung: Bei diesem Werbeformat handelt es sich nicht um ein TrueView-, sondern um ein Premium-Anzeigenformat. Dieses kann nur über Ihren Google-Ansprechpartner und nur auf Reservierungsbasis gebucht werden. Abweichend zum TrueView-Abrechnungsmodell wird hier durch die Reservierung eine feste Impressionszahl über einen bestimmten Zeitraum garantiert. Die Abrechnung erfolgt über einen fixen Tausend-Kontakt-Preis (TKP), der sich aus den von Ihnen gewünschten Zielgruppenkriterien ergibt. Dabei gilt: Je mehr Sie Ihre gewünschte Zielgruppe anhand von verschiedenen Kriterien spezifizieren und damit deren Qualität im Hinblick auf Ihre Branding- und Performance-Ziele erhöhen, desto mehr müssen Sie auch für einen bzw. eintausend qualifizierte Kontakte zahlen. Alle Werbungtreibenden, die eine bestimmte Reichweite zu einem vorab fest definierten Preis sicherstellen möchten, sollten von InStream-Anzeigen auf Reservierungsbasis Gebrauch machen.

3.4 Shoppable TrueView Ads: Produktanzeigen und Shopping-Links für YouTube-Videos

TrueView InStream-Anzeigen mit Companion Banner, Call-to-Action-Overlay und Annotations: Die Palette für performance-orientierte Videowerbung auf YouTube war bisher überschaubar und bot eher wenig kreativen Spielraum. Mit den Shoppable TrueView Ads machte YouTube im März 2015 einen großen Schritt vorwärts. Das Anzeigenformat bedient sich nicht nur der bewährten Mechanik der TrueView InStream-Anzeigen, sondern erlaubt es auch, die bisher statischen Infokarten ausgehend vom Nutzerverhalten dynamisch zu befüllen (eProfessional 2015).

3.4 Shoppable TrueView Ads

Abb. 3.7 Shoppable TrueView Ad mit dynamischen Produktkarten. (Bildrechte: ROLLER)

3.4.1 Produktdetails und Shopping-Links im Abspielbereich

Im Gegensatz zu den TrueView InStream-Anzeigen können bei den Shoppable TrueView Ads Produktdetails und Shopping-Links prominent im Video platziert werden. Aus Nutzersicht erscheint dabei im rechten oberen Abspielbereich eine Benachrichtigung, für die ein frei definierbarer Teaser-Text mit maximal 30 Zeichen formuliert werden kann. Interagiert ein Nutzer mit der für fünf Sekunden eingeblendeten Handlungsaufforderung, so öffnet sich im Abspielbereich eine vertikale Produktgalerie. Die dort präsentierten Produktkarten bestehen aus einem Thumbnail, einem Beschreibungstext und einem Call-to-Action. Sie speisen sich dynamisch aus den im Datenfeed hinterlegten Informationen. Bei einem Klick auf eine Produktkarte gelangt der Nutzer über eine Tracking-URL zur entsprechenden Produktseite im Online-Shop, wo er weiterführende Informationen findet und direkt in den Kaufprozess übergeleitet wird. Großer Pluspunkt: Eine zeit- und kostenaufwendige Bearbeitung des Videomaterials ist nicht erforderlich, da sich die Produktkarten über den Inhalt des beworbenen Videos legen (Abb. 3.7).

Im Gegensatz zu den statischen Infokarten werden für das Schalten der Shoppable TrueView Ads zwei Dinge vorausgesetzt: zum einen ein Google Merchant-Center, das das Anzeigenformat über einen Feed speist, und ein Google AdWords-Account, in dem Sie Ihre TrueView InStream- und InDisplay-Anzeigen schalten. Zum anderen ist eine Verknüpfung zwischen Merchant-Center und AdWords-Ac-

Erweiterte Einstellungen		
⊟ Werbezeitplan: Startdatum, Enddatum, Anzeigenplanung		
Startdatum	2. Apr. 2015	
Enddatum	Keine Angabe Bearbeiten	
Anzeigenplanung ?	Anzeigen jeden Tag zu ausgewählten Zeiten schalten	Werbezeitplaner anzeigen »
	Gesamtabdeckung pro Woche: 67 %	
⊟ Shopping-Einstellungen		
Merchant Center	6825265	
Produktfilter	-- Bearbeiten	
⊟ Anzeigenauslieferung		

Abb. 3.8 Verknüpfung des Google Merchant-Centers und des AdWords-Kontos über die Shopping-Einstellungen. (Bildrechte: ROLLER)

count erforderlich, um die im Datenfeed enthaltenen Produktinformationen für das Anzeigenformat nutzbar zu machen. Die Verknüpfung können Sie mit geringem zeitlichen Aufwand selbst vornehmen. Geben Sie hierfür bei der Erstellung Ihrer Videokampagnen einfach die ID Ihres Merchant-Centers und Ihres AdWords-Accounts unter „Einstellungen" an, über den auch die Shoppable TrueView Ads gesteuert werden. Auch hier gilt: Ihr Bewegtbild muss nicht editiert werden, da die Produktkarten im Abspielbereich über dem Videoinhalt eingeblendet werden (Abb. 3.8).

Die Spezifikationen für den erforderlichen Datenfeed unterscheiden sich hierbei nicht von denen für Google Shopping. Für Sie bedeutet dies, dass Sie keinen weiteren Aufwand für einen angepassten Produktdaten-Feed betreiben müssen, um Shoppable TrueView Ads einzusetzen. Durch die zusätzlichen Daten ergeben sich zwei Szenarien. So können Sie bestimmte Produkte durch die Kategorie- oder Brand-Spalte im Datenfeed filtern und allen Nutzern in einer von Ihnen definierten Zielgruppe anzeigen. Oder Sie greifen, falls vorhanden, auf bestehende Remarketing-Listen zurück. Durch diese haben Sie beispielsweise die Möglichkeit, den markierten Nutzern genau die Produkte anzuzeigen, die sie im Online-Shop in den Warenkorb gelegt, jedoch noch nicht gekauft haben.

▶ Wenn Ihnen Remarketing-Listen zur Verfügung stehen, nutzen Sie diese unbedingt für die Shoppable TrueView Ads. Durch die Ansprache von Nutzern, die eine bestimmte Produktkategorie oder ein konkretes Produkt mehrmals im Online-Shop ohne Kauf besucht oder den Bestellprozess nicht abgeschlossen haben, können Sie mit dem interaktiven Anzeigenformat einen entscheidenden Kaufimpuls setzen.

3.4 Shoppable TrueView Ads

▶ Mit der Überarbeitung des TrueView-Abrechnungsmodells im März 2015 wurden auch die TrueView InStream-Anzeigen und Shoppable TrueView Ads angepasst, bei denen jeweils die Anzahl der Webseiten-Klicks signifikant abgenommen hat. Ursächlich hierfür ist, dass ein Klick in den Abspielbereich von TrueView InStream-Anzeigen nun die Wiedergabe eines beworbenen Videos pausiert und den Nutzer nicht mehr auf eine externe Webseite weiterleitet. Diese Klicks werden durch das neue TrueView-Abrechnungsmodell nicht berücksichtigt und erzeugen keine Kosten. Zwar hat durch diese Maßnahme die Quantität der Klicks abgenommen, im Umkehrschluss erhalten Werbungtreibende so jedoch qualitativ hochwertigere Webseiten-Besucher, da sich die Nutzer ganz bewusst und proaktiv für einen Klick entschieden haben.
Für Sie gibt es mit dem überarbeiteten TrueView-Abrechnungsmodell besonders für Performance-Kampagnen einen entscheidenden Sachverhalt zu beachten: Neben den Klicks sollten auch Impressionen mit TrueView InStream-Anzeigen berücksichtigt werden. Die Sichtkontakte, die erst ab der fünften Sekunde durch die Nutzer übersprungen werden können, zahlen bereits auf die Wahrnehmung und Bekanntheit von Aktionen, Produkten oder Marken ein und sind, sofern die Voraussetzungen für eine Interaktion nicht erfüllt sind, kostenlos.

3.4.2 Fallbeispiel: ROLLER

Den Abverkauf von Produkten über YouTubes TrueView-Anzeigenformate unter profitablen Kosten-Ertrags-Kriterien ankurbeln – so lautete die Aufgabenstellung, mit der sich der Möbel-Retailer an eprofessional wandte. Um das Ziel möglichst effizient zu erreichen, wurden die bis dahin laufenden TrueView InStream-Anzeigen nach erfolgreicher Bewerbung um einen der begehrten Whitelist-Plätze auf das Beta-Format der Shoppable TrueView Ads umgestellt. Beide TrueView-Anzeigenformate wurden nicht parallel genutzt, um überschneidende Effekte, die eine ertragsgerechte Auswertung erschweren, auf ein Minimum zu reduzieren.

Als Benchmark für die erzielten Werte mit den Shoppable TrueView Ads wurden die bisherigen Erfahrungs- und Leistungswerte der TrueView InStream-Anzeigen herangezogen. Der Vergleich zeigt klar, dass sowohl Nutzer als auch Werbungtreibende gleichermaßen von dem neuen Anzeigenformat profitieren. Die stärker auf den Nutzer und seine individuellen Produktinteressen abgestimmten Inhalte führen nicht nur zu einem quantitativen, sondern auch zu einem qualitativen Anstieg der Klicks, was sich wiederum in noch besseren Ertragswerten niederschlägt. Das volle Potenzial der Shoppable TrueView Ads wird mit dem Einsatz von Remarketing-Listen ausgeschöpft. Diese umfassen Nutzer, die an verschiedenen Stellen in ihrem Kaufentscheidungsprozess im Online-Shop des Retailers markiert wurden. Die Anzeigen präsentieren also genau die Produkte, für die sich Nutzer mit hoher Kaufwahrscheinlichkeit tatsächlich interessieren.

3.5 Push und Pull: zwei Strategien für Ihre Videokampagnen

Für den Erfolg Ihrer Videokampagnen ist entscheidend, dass Sie die individuellen Charakteristika beider TrueView-Anzeigenformate im Hinblick auf Ihre Zielsetzungen beachten. Beide Formate erreichen den Nutzer aufgrund ihrer abweichenden Erscheinungsformen in unterschiedlichen Situationen und sind damit nicht gleichermaßen gut geeignet, um verschiedene Ziele zu realisieren.

Wenn Sie Nutzer aktivieren und in ihrem Kaufentscheidungsprozess positiv stimulieren wollen, empfiehlt sich eine Push-Strategie mit TrueView InStream-Anzeigen oder Shoppable TrueView Ads. Diese zielen darauf ab, vor möglichst vielen, jedoch thematisch passenden Videos auf YouTube eingeblendet zu werden, um eine große und nachhaltige Reichweite in der von Ihnen definierten Zielgruppe zu erreichen. Die Basis hierfür stellen die sehr granularen Kriterien dar, mit denen Sie ausgewählte Nutzergruppen beispielsweise über Interessen- und Themenkategorien sowie Remarketing-Listen und auszuschließende Ziele festlegen können. Werbungtreibende, die TrueView InStream-Anzeigen einsetzen, sind bestrebt, die Aufmerksamkeit der Nutzer in den ersten fünf Sekunden zu gewinnen. Denn erst ab der fünften Sekunde hat der Nutzer die Möglichkeit, die beiden TrueView-Anzeigen zu überspringen. Im Umkehrschluss bedeutet dies, dass sich Nutzer alles, was bis dahin im beworbenen Video gezeigt wurde, ansehen müssen. Nutzen Sie diese Zeitspanne, um Ihr Logo zu platzieren und die Nutzer dazu zu animieren, sich das eingeblendete YouTube-Video noch weiter anzuschauen. Spielen Sie kreativ mit der Fünf-Sekunden-Mechanik, um Ihre gewünschte Produkt- oder Markenbotschaft zu kommunizieren.

Obwohl TrueView InStream-Anzeigen das effizientere Format sind, um unter Reichweitenaspekten Branding- und Performance-Ziele zu realisieren, so haben TrueView InDisplay-Anzeigen ihnen gegenüber dennoch einen klaren Vorteil: Der Impuls geht hier primär vom Nutzer aus. Zwar sind Anzeigen geschaltet, die in den YouTube-Suchergebnissen und in der rechten Spalte der vorgeschlagenen Videos platziert werden, jedoch werden diese nur aufgerufen, wenn der Nutzer ein konkretes Bedürfnis nach den beworbenen Videoinhalten hat. Während Sie mit TrueView In-Stream-Anzeigen bestrebt sind, die Aufmerksamkeit des Nutzers zu gewinnen, greifen diese auf TrueView InDisplay-Anzeigen zurück, wenn sie Hilfestellungen benötigen und vorrangig auf der Suche nach informativen und unterrichtenden Inhalten wie Tutorial- oder Service-Videos sind. Über diese kann eine Pull-Strategie verfolgt werden, bei der für Ihr Produkt oder für Ihre Marke relevante Nischen mit Ihren Videos besetzt werden. Sie bieten den Nutzern damit nicht nur die Möglichkeit, für sie interessante Inhalte kompakt und schnell zu konsumieren, sondern können auch den Servicebereich auf Ihrer Webseite mit multimedialen Inhalten anreichern.

3.6 Checkliste für ein professionelles Kampagnen-Setup

Beim operativen Kampagnen-Management gibt es sowohl bei der Konzeption als auch bei der Umsetzung eine Vielzahl von Stellschrauben zu beachten, die für eine Professionalisierung Ihres YouTube-Marketings unerlässlich sind. Die wichtigsten Stellschrauben fasst die nachfolgende Checkliste zusammen und zeigt auf, was operativ bereits bei der Erstellung von TrueView-Kampagnen zu beachten ist.

- **Auszuschließende Ziele definieren**
  Welche Themen, Interessen, KeyWords und Remarketing-Listen sollen als Zielgruppenkriterium ausgeschlossen werden?

- **Aufmerksamkeitsstarken Call-to-Action-Overlay und Companion Banner hinzufügen**
  Ist der Call-to-Action-Overlay bei allen TrueView-Formaten und zusätzlich ein statisches oder dynamisches Companion Banner bei allen TrueView InStream-Anzeigen eingebunden?

- **Individuelle Anzeigenplanung verwenden**
  Sollen Ihre TrueView-Kampagnen nur an ausgewählten Tagen oder Tageszeiten auf YouTube geschaltet werden?

- **Geplantes Start- und Enddatum festlegen**
  Gibt es einen vorab definierten Zeitpunkt, an dem Ihre TrueView-Kampagnen automatisch aktiviert oder pausiert werden sollen?

- **Spezifische Remarketing-Listen anlegen**
  Welche Interaktionen mit Ihren YouTube-Videos sind erforderlich, damit Nutzer einer oder mehrerer Remarketing-Listen zugeordnet werden?

- **Ausgewählte Endgeräte ausschließen**
  Werden Ihre TrueView-Anzeigen auf allen verfügbaren Endgeräten eingeblendet oder sollen einzelne Endgeräte nicht für Ihre Videokampagnen berücksichtigt werden?

- **Eingestelltes Tagesbudget regelmäßig kontrollieren**
  Ist das korrekte Budget auf Tagesbasis angegeben oder muss dieses aufgrund von monetären oder zeitlichen Änderungen während der Kampagnen-Laufzeit angepasst werden?

- **Definierte Häufigkeitsbegrenzung kontinuierlich prüfen**
  Wie oft soll ein Nutzer Ihr mit TrueView-Anzeigen beworbenes YouTube-Video durchschnittlich in einem bestimmten Zeitraum als Impression eingeblendet bekommen?

- **Geräteübergreifende Infokarten nutzen**
  Wurde das interaktive Format mindestens bei allen beworbenen Videos berücksichtigt, um dem Nutzer je nach thematischem Schwerpunkt eine individuelle Navigation zu weiteren relevanten YouTube-internen als auch externen Inhalten zu erlauben?

3.7 Fazit

Weit verbreitet ist die Auffassung, dass das höchste Gebot für eine Anzeigen-Impression auch immer beim TrueView-Auktionsmodell gewinnt. Diese Annahme ist ein Trugschluss. Denn: Auch mit kleineren Budgets können Sie bei einem effizienten Kampagnen-Setup sehr gut mit größeren Werbebudgets konkurrieren. Ursächlich hierfür ist der Qualitätsfaktor, der eine Vielzahl von historischen Faktoren berücksichtigt und dafür sorgt, dass nicht ausschließlich der Werbungtreibende mit dem höchsten Gebot bei allen Auktionen um die zur Verfügung stehenden Anzeigenplätze triumphiert. Dennoch stellt der maximale CPV das zentrale Steuerungsinstrument dar, mit dem Sie direkt Einfluss auf die Reichweite Ihrer Videoanzeigen auf YouTube nehmen können.

Mit TrueView InDisplay- und InStream-Anzeigen sowie den Shoppable TrueView Ads stehen sehr unterschiedliche Anzeigenformate zur Verfügung, die sowohl Branding- als auch Performance-Ziele effizient unterstützen. Vor allem die Shoppable TrueView Ads, bei denen Remarketing-Listen und Datenfeeds harmonisch verzahnt wurden, sind für Abverkaufs-Kampagnen auf der Videoplattform prädestiniert. Das neue Anzeigenformat, die Anpassungen am TrueView-Abrechnungsmodell sowie der immer größer werdende Umfang und die gleichzeitig immer kürzeren zeitlichen Abstände zwischen Neuerungen machen eines deutlich: YouTube ist bestrebt, seine Attraktivität auf dem Videomarkt nachhaltig zu steigern. Anders gesagt: Werbungtreibende dürfen sich auf weitere Neuerungen freuen, die individuelle branchen-, unternehmens- und produktbezogene Zielstellungen noch besser unterstützen.

Literatur

eprofessional. 2015. Das Kapitel ist eine überarbeitete Version des Blog-Beitrages Shoppable TrueView Ads: Dynamische Produktanzeigen jetzt auch bei YouTube: http://www.eprofessional.de/blog/shoppable-trueview-ads-dynamische-produktanzeigen-jetzt-auch-bei-youtube. Zugegriffen: 5. Jan. 2016.

Google, TrueView In-Stream-Werbung: https://support.google.com/displayspecs/answer/6055025. Zugegriffen: 6. Jan. 2016.

Kriterien zur Zielgruppendefinition

4

Zusammenfassung

Ihre TrueView InDisplay- und InStream-Anzeigen sind vor allem dann effektiv, wenn das richtige Anzeigenformat im Hinblick auf Ihre Zielsetzungen ausgewählt und die relevante Zielgruppe sehr präzise festgelegt werden. YouTube bietet dazu umfangreiche Möglichkeiten an, um Ihre Videoanzeigen zur Erreichung Ihrer Branding- und Performance-Ziele an ein vorab definiertes Publikum auszusteuern. Welche Kriterien zur Zielgruppenselektion herangezogen werden können und was es bei diesen zu beachten gilt, möchte ich Ihnen im Folgenden vorstellen.

4.1 Demografie

Wissen Sie, welche Alters- und Geschlechtersegmente sich für Ihre Videos interessieren? Falls Sie diese Frage verneinen, liegen Ihnen wertvolle Informationen für Ihr gegenwärtiges und zukünftiges YouTube-Marketing nicht vor.

Ein Alters- oder Geschlechtersplit ist immer sinnvoll, auch wenn viele angemeldete Nutzer kein Alter oder Geschlecht angegeben haben, oder weil die Nutzer beim Konsum der Videos nicht angemeldet sind. Stellen Sie sich vor, Sie bewerben ein frauenspezifisches Tutorial-Video zum Thema „Wie lege ich ein richtiges Abend-Make-up auf?" mit TrueView InStream-Anzeigen. In diesem Fall sollten Sie neben dem weiblichen Geschlecht auch definitiv Nutzer ansprechen, die kein Geschlecht angegeben haben. Männer, die sich im Segment der Nutzer mit unbekanntem Geschlecht befinden, werden die eingeblendete Anzeige nach fünf Sekunden überspringen – und dank TrueView noch, bevor Ihnen Kosten entstehen. Sollte sich das Segment der Nutzer mit unbekanntem Geschlecht im Zeitverlauf für Ihre vorab definierten Erfolgskriterien als ineffizient erweisen, so haben Sie jederzeit die Möglichkeit, dieses Geschlechtersegment zu pausieren.

Um das Tutorial-Beispiel fortzusetzen: Sie gehen davon aus, dass das für Ihre Marke oder Ihr Produkt relevante Alterssegment auf YouTube das der 18- bis 24-Jährigen ist. Schließen Sie in diesem Fall Nutzer mit einem Alter von 25 bis 34 oder sogar 35 bis 44 Jahren nicht aus. Ziehen Sie keine voreiligen Schlüsse, die Ihnen gegebenenfalls den Kontakt zu einer weiteren relevanten Zielgruppe verwehren. Testen Sie zu Beginn, und wenn auch nur mit geringem Budgeteinsatz, weitere angrenzende Alterssegmente. Erfahrungen, die Sie bei der Suchmaschinenwerbung oder anderen Online-Marketing-Disziplinen gemacht haben, müssen sich hier nicht bestätigen. Denn charmant und kreativ aufbereitete Bewegtbild-Inhalte können auch bisher latente Zielgruppen aktivieren und maßgeblich zum Erfolg Ihrer YouTube-Kampagnen beitragen.

▶ Für die demografischen Kriterien gilt: Testen Sie angrenzende Geschlechter- und Alterssegmente und pausieren Sie gezielt einzelne leistungsschwache Segmente, wenn diese Ihre definierten Erfolgskriterien nicht erfüllen.

4.2 Geografie

Mit den geografischen Kriterien können Sie Ihre Videokampagnen nicht nur auf ein oder mehrere Länder ausrichten, sondern auch deutlich granularer auf einzelne Bundesländer, Städte und Postleitzahlen-Bereiche. Optional können Sie Ihre Videoanzeigen auch nur in von Ihnen bestimmten Umkreisen um Städte und Adressen schalten.

▶ Ausgehend von Ihren gewählten geografischen Kriterien erhalten Sie eine Reichweitenschätzung. Achtung: Diese Reichweite bezieht sich nicht auf einzelne Nutzer, sondern auf die verschiedenen Endgeräte, die mit Ihrer Auswahl erreicht werden können. Dies bedeutet, dass ein Nutzer, der beispielsweise ein Tablet und ein Smartphone besitzt, in der Reichweitenzählung doppelt vertreten ist. Dennoch kann die geschätzte Reichweite herangezogen werden, um verschiedene Städte anhand der möglichen Anzeigen-Impressions zu vergleichen.

4.3 Endgeräte

Unabhängig davon, welche weiteren Kriterien Sie zur Zielgruppendefinition heranziehen: Differenzieren Sie Ihre Kampagnen hinsichtlich der verschiedenen Endgeräte, auf denen Nutzer Ihre Videoanzeigen sehen können. Ein Split zwischen

Desktop und Tablet sowie mobilen Endgeräten ist ratsam, da es hier, in Abhängigkeit zum beworbenen Video, zu signifikanten Unterschieden beim CPV oder der Video-Wiedergabedauer kommen kann. Durch die Differenzierung beim Kampagnen-Setup können Sie viel granularere Rückschlüsse ziehen, aus denen sich konkrete Ansatzpunkte für die Optimierung Ihrer gegenwärtigen und zukünftig geplanten TrueView-Kampagnen ableiten lassen. Sie können Ihre mobilen Videokampagnen nach Gerätetypen (u. a. iPad, iPhone, HTC), Betriebssystemen (u. a. Android, iOS), Mobilfunkbetreibern (u. a. O2, Vodafone) und Endgeräten, die sich im WLAN befinden, ausrichten. Standardmäßig werden Ihre Videokampagnen auf Desktop-Computern, Laptops, Tablets und Smartphones angezeigt.

▶ Haben Sie schon einmal eine gekürzte Version Ihres Videos mit TrueView-Anzeigen, die nur auf verschiedenen mobilen Endgeräten geschaltet werden, beworben? Teaser-Videos, die schnell unterwegs konsumiert werden können, reizen zum einen das Datenvolumen der Nutzer nicht aus und sind zum anderen eine gute Möglichkeit, um diesen „Appetit auf mehr" zu machen. Haben Sie Ihr Interesse durch einen aktivierenden und in Erinnerung bleibenden Teaser geweckt, sind diese mit großer Wahrscheinlichkeit geneigt, eine längere Version oder weiterführende Videos auch über andere Endgeräte zu konsumieren.

4.4 Placements

Falls Ihnen die von YouTube angebotenen Themen- und Interessenkategorien zu generisch sind, können Sie jederzeit eine von Ihnen definierte Auswahl von Platzierungen (Placements) festlegen, die ausschließlich für Ihre TrueView-Videokampagnen herangezogen werden sollen. Platzierungen können dabei einzelnen YouTube-Videos oder -Kanälen sowie bestimmten Apps und Webseiten im GDN entsprechen. Ihr frei definierbares Set von Platzierungen können Sie im AdWords-Konto beim Erstellen von Videokampagnen angeben oder jederzeit nachträglich unter dem Menüpunkt „Ausrichtung" hinzufügen.

▶ Damit Sie während der Kampagnen-Laufzeit eine valide Aussage über die Effizienz Ihrer Placement-Auswahl treffen können, sollten Sie vorab eine ausreichend große Anzahl von YouTube-Videos und -Kanälen sowie Webseiten im GDN definieren. Werden die gewünschten Ergebnisse mit dem aktuellen Placement-Set nicht erreicht, gibt es zwei Handlungsoptionen.

Zuerst sollten Sie Ihre Placements unter quantitativen Aspekten analysieren und sich die Frage stellen: Lässt das Impressions-, Aufruf- und Klickvolumen nach einem angemessenen Zeitraum eine valide Aussage zu? Falls dies nicht der Fall ist, sollten Sie Ihre Auswahl vergrößern und diesen Prozess so oft wiederholen, bis genügend Daten für eine valide Aussage im Hinblick auf Ihre Zielstellungen vorliegen. Ein angemessener Zeitraum lässt sich nicht generell definieren, da dieser vom jeweils eingesetzten Mediabudget, der Höhe der Gebote und der Wettbewerbssituation der gewählten Placements abhängig ist. Grundsätzlich sollte dieser aber mindestens eine, besser zwei Wochen betragen. Schenken Sie im zweiten Schritt den qualitativen Ergebnissen Ihrer gewählten Placements große Beachtung. Prüfen Sie nun, welche Placements überdurchschnittlich schlechte Ergebnisse im Hinblick auf den CPV, die Aufrufrate (View-Rate, VR), die Klickrate (Click-through-Rate, CTR) und die prozentuale Video-Wiedergabe besitzen. Ziehen Sie die so gewonnenen Erkenntnisse für die Optimierung Ihrer Kampagnen heran.

4.5 Themen

YouTube-Kanäle und Webseiten im GDN werden anhand ihrer (Video-)Inhalte gruppiert und vordefinierten Themenkategorien zugeordnet. Wird beispielsweise die Kategorie „Reisen" ausgewählt, werden Ihre Videoanzeigen auf Kanälen und Webseiten mit dem passenden Schwerpunkt geschaltet. Über Unterkategorien lässt sich diese Auswahl weiter eingrenzen, in diesem Fall zum Beispiel auf „Flugreisen", „Kreuzfahrten und Charterflüge" oder „Hotels und Unterkünfte".

▶ Wenn Sie eine Oberkategorie als Zielgruppenkriterium auswählen, sollten Sie im gleichen Arbeitsschritt auch immer alle Unterkategorien ergänzen. Was widersprüchlich klingt, hat sich beim Optimieren der Videokampagnen häufig als sehr wichtiger Baustein entpuppt. Zum einen kann es zwischen den themenbezogenen Ober- und Unterkategorien hinsichtlich quantitativer und qualitativer Aspekte zu großen Unterschieden kommen. Zum anderen haben Sie mit dieser Trennung die Möglichkeit, die leistungsschwächsten Themenkategorien im direkten Vergleich schnell zu identifizieren und können diese gezielt aus Ihrem Kampagnen-Setup entfernen.

4.6 Interessen

Während die verschiedenen Themenkategorien festlegen, wo eine Videoanzeige geschaltet wird, bestimmen die Interessenkategorien, wer eine Videoanzeige sehen soll, unabhängig davon, wo er sich gerade auf YouTube oder im GDN bewegt. Im Unterschied zu den Themen- findet bei den Interessenkategorien ein Perspektivwechsel statt, bei dem nicht mehr der inhaltliche Schwerpunkt von Kanälen und Webseiten im Mittelpunkt steht, sondern der Nutzer selbst. Anhand seines individuellen Surfverhaltens wird dieser verschiedenen vordefinierten Interessenkategorien zugeordnet. Einzige Voraussetzung: Sein Interesse an einem bestimmten Thema muss stärker als beim Durchschnitt der Nutzer ausgeprägt sein. Ein Nutzer kann dabei maximal 10 Interessenkategorien zugeordnet sein.

In Ihrem AdWords-Konto können Sie bei den Interessenkategorien zum einen auf „Zielgruppen mit gemeinsamen Interessen" und auf „Kaufbereite Zielgruppen" zurückgreifen, die jeweils einen unterschiedlichen Schwerpunkt besitzen. „Zielgruppen mit gemeinsamen Interessen" umfassen Nutzer, die beispielsweise ein kontinuierliches und allgemeines Interesse am Thema Schönheitspflege besitzen. Nutzer hingegen, deren Interesse darüber hinaus geht und durch die aktive Suche nach Produkten und das Vergleichen von Preisen deutlich konkreter ist, gehören den „Kaufbereiten Zielgruppen" an. Berücksichtigen Sie in Ihrem Kampagnen-Setup die unterschiedlichen Gruppierungen, wenn Sie Branding- oder Performance-Ziele verfolgen.

▶ Kombinieren Sie verwandte Themen- und Interessenkategorien bei den Zielgruppenkriterien miteinander, um sehr spitze Segmente zu definieren. Durch diese Kombination erreichen Sie mit TrueView InStream-Anzeigen ausschließlich Nutzer, die ein kontinuierliches Interesse an einem bestimmten Thema haben und regelmäßig YouTube-Kanäle mit diesem Schwerpunkt aufsuchen.

4.7 KeyWords

Nicht nur bei Google, sondern auch bei der zweitgrößten Suchmaschine YouTube nehmen KeyWords eine zentrale Rolle ein. Sie werden synonym auch als Schlagwörter bezeichnet und in der jeweiligen Suchmaske eingegeben. Die Suchanfragen spiegeln dabei die individuellen Interessen und Vorlieben der Nutzer wider. Treten Übereinstimmungen zwischen den Suchanfragen der Nutzer und den von Ihnen gewählten KeyWords auf, so können Ihre Videoanzeigen in den YouTube-Suchergebnissen der Videoplattform erscheinen.

▶ Es ist kein Geheimnis, dass Sie Ihre auf die YouTube-Suche ausgerichteten TrueView InDisplay-Anzeigen wie in der Suchmaschinenwerbung auch mit einem selbst definierten KeyWord-Set kombinieren können. Hierfür stehen Ihnen die Buchungsoptionen „weitgehend passend", „passende Wortgruppe" und „genau passend" zur Verfügung. Negative KeyWords, die keine Anzeigen-Impression verursachen sollen, werden bei den auszuschließenden Zielen hinterlegt und anschließend nicht mehr für das Auktionsverfahren berücksichtigt.

Wenig bekannt hingegen ist, dass Sie auch Interessen- und Themenkategorien für Ihre TrueView InDisplay-Anzeigen in den YouTube-Suchergebnissen einsetzen können. Diese Variante bringt einen entscheidenden Vor- und gleichzeitig auch Nachteil mit sich. Denn: Durch die Interessen- und Themenkategorien entfällt zwar der zeitliche Aufwand, ein eigenes KeyWord-Set zu erstellen, dennoch muss auch berücksichtigt werden, dass das KeyWord-Set der einzelnen Kategorien nicht eingesehen oder editiert werden kann. Wägen Sie daher sorgfältig ab, ob Ihnen ein grobes KeyWord-Set mit limitierter Kontrolle ausreicht, oder ob Sie Zeit investieren wollen, um ein eigenes zu definieren, falls Sie auf keines aus der Suchmaschinenwerbung zurückgreifen können.

4.8 Auszuschließende Ziele

Anhand der bisher vorgestellten Kriterien können Sie Ihre Zielgruppe sehr genau bestimmen. Es ist aber nicht nur entscheidend, dass Sie diese erreichen, sondern vor allem bei TrueView InStream-Anzeigen auch, vor welchen Videos Sie diese erreichen. So sind bestimmte Musik-Videos und Fail Compilations aufgrund ihrer unpassenden oder anstößigen Inhalte keine geeigneten Umfelder, vor denen Sie Ihr Video platzieren sollten. Mithilfe von auszuschließenden Zielen können von Ihnen festgelegte Themen- und Interessenkategorien, bestimmte Alters- und Geschlechtersegmente, KeyWords für TrueView InDisplay-Anzeigen in den Suchergebnissen und ausgewählte Remarketing-Listen ausgeschlossen werden. Wie bei den themen- und interessenbezogenen Kriterien können Sie hierfür Oberkategorien oder nur ausgewählte Unterkategorien festlegen. Daneben können Sie bestimmte Schlüsselbegriffe als negative KeyWords für Ihre TrueView InDisplay-Anzeigen einbuchen. Diese werden dann bei Suchanfragen der Nutzer, die eine Kombination mit den ausgeschlossenen Schlüsselbegriffen enthält, nicht mehr in den YouTube-Suchergebnissen angezeigt.

▶ Machen Sie von den auszuschließenden Zielen Gebrauch, um die Qualität Ihrer Videoaufrufe und Klicks signifikant zu steigern. Prüfen Sie, vor welchen Videos Ihre TrueView InStream-Anzeigen geschaltet werden und in welchen Umfeldern Ihre TrueView InDisplay-Anzeigen zu sehen sind. Eine Liste mit den jeweiligen Platzierungen, die bisher für eine TrueView-Anzeigenschaltung berücksichtigt wurden, finden Sie in Ihrem AdWords-Konto unter dem Menüpunkt „Ausrichtung" und „Hier wurden Ihre Anzeigen geschaltet".

4.9 Video-Remarketing

Ein Ziel Ihrer Videokampagnen sollte es nicht nur sein, die von Ihnen definierte Zielgruppe einmalig anzusprechen. Unter Branding- und Performance-Aspekten ist es sinnvoll, vor allem Nutzersegmente, die ein ausgeprägtes Interesse an Ihrer Marke oder Ihren Produkten gezeigt haben, erneut mit relevanten TrueView-Anzeigen zu erreichen. YouTube bietet Ihnen die Möglichkeit, Nutzer, die bestimmte Kriterien erfüllen, zu markieren und in einer Remarketing-Liste zu erfassen. So können Sie unter anderem gezielt Nutzer, die Ihre Videos angeschaut, kommentiert oder geteilt haben, mit weiteren Videoanzeigen kontaktieren, während Sie Nutzer, die zum Beispiel Ihre Videos negativ bewertet oder das Kanal-Abonnement beendet haben, von weiteren Anzeigeneinblendungen ausschließen können.

Der Einsatz von bestehenden und der Aufbau von neuen Remarketing-Listen sollte ein fester Bestandteil Ihres Setups für Branding- und Performance-Kampagnen sein, bringt er doch drei entscheidende Vorteile mit sich.

1. Die Integration eines Pixels oder weiterer Tracking-Parameter ist nicht erforderlich, da die Nutzer über Cookies markiert und einer Remarketing-Liste zugewiesen werden. Dies bedeutet, dass Sie keine umfassenden Tracking-Kenntnisse benötigen, um mit Ihren TrueView-Kampagnen eine nachhaltige Reichweite zu erzielen. Von Ihnen definierte Listen für Ihre YouTube-Kampagnen können Sie in Ihrem AdWords-Konto unter „Video-Remarketing-Listen" anlegen.
2. Sobald Sie eine Remarketing-Liste für Ihre Videokampagnen mit nur wenigen Klicks erstellt haben, wird diese sofort mit Nutzern angereichert, die die von Ihnen definierten Kriterien erfüllen. Diese Listen, die im Zeitverlauf an Volumen gewinnen, sind ein guter Hebel, um sukzessive die Relevanz Ihrer Videoanzeigen für die erreichten Nutzer und gleichzeitig auch die Effizienz Ihres eingesetzten Mediabudgets zu erhöhen.
3. Auf YouTube erstellte Remarketing-Listen sind nicht auf das Videoportal beschränkt, sondern können auch für Banner-Anzeigen und die Suchmaschi-

nenwerbung über Google AdWords genutzt werden. Nutzer, die mit diesen Anzeigen interagiert haben, können so mit passenden TrueView-Videoanzeigen erneut angesprochen werden. Dies bietet Ihnen die Möglichkeit, hochrelevante Nutzer über verschiedene Online-Marketing-Disziplinen hinweg mit individualisierten Anzeigen, die weiterführende Informationen oder spezielle Angebote enthalten, gezielt zu erreichen und bei ihrem Kaufentscheidungsprozess zu begleiten.

▶ Kombinieren Sie einzelne Listen miteinander und greifen Sie auch auf Remarketing-Listen aus anderen Online-Marketing-Disziplinen zurück. Listen aus der Suchmaschinenwerbung können durch Ihren Google-Ansprechpartner in andere AdWords-Konten gespiegelt und so auch für Ihre Videokampagnen verfügbar gemacht werden. Wenn Sie daran interessiert sind, die Netto-Reichweite zu maximieren, so sollten Sie eine Liste für alle Nutzer, die Sie mit Ihren definierten Zielgruppenkriterien bereits erreicht haben, anlegen und diese von der weiteren Bewerbung ausschließen. Unter Performance-Aspekten können Sie Nutzer, die bisher ein wiederkehrendes Interesse ohne Kauf an einem konkreten Produkt gezeigt haben, mit inhaltlich passenden aktivierenden Videoanzeigen erreichen. Vorausschauend angelegte Remarketing-Listen sind hier der Schlüssel zum Erfolg.
Auch unter Branding-Aspekten leisten Remarketing-Listen einen großen Beitrag. So können Nutzer, die ein bestimmtes Video bereits gesehen haben, von seinen Einblendungen ausgeschlossen und im Rahmen des Storytellings gezielt mit einem Folgevideo angesprochen werden. Mit dieser Maßnahme vermeiden Sie zum einen unnötige und gegebenenfalls als störend empfundene Kontakte mit dem immer gleichen Video. Zum anderen erhalten Sie mit jeder Remarketing-Liste eines Folgevideos die Nutzer, die ein ausgeprägtes Interesse an Ihren Videoinhalten haben.

Obwohl die verschiedenen Kriterien zur Zielgruppendefinition die Nutzer anhand ihres individuellen Verhaltens kategorisieren, so besteht im Vergleich zum Remarketing jedoch ein charakteristischer Unterschied. Zielgruppensegmente, die über Interessen, Themen, demografische und geografische Kriterien definiert werden, haben ein grundsätzliches und kontinuierliches Interesse an einem bestimmten Thema. Für Sie bedeutet dies, dass Sie Zielgruppensegmente definieren, bei denen Sie davon ausgehen, dass diese sich für Ihre Marke und Ihre Produkte interessieren. Im Gegensatz dazu steht das Remarketing, bei dem die Nutzer zumeist bereits deutlich weiter im Kaufentscheidungsprozess über Ihre Produkte vorangeschritten sind. Dabei ist primär unerheblich, welches Alter und Geschlecht die Nutzer haben, oder welche YouTube-Kanäle oder Webseiten im GDN sie vorab besucht haben. Entscheidend ist nur, dass sie eine gewünschte Handlung auf Ihrer Webseite oder in Ihrem Online-Shop ausgeführt haben. Eine Handlung kann das wiederholte Besuchen von bestimmten Produktseiten oder das Verlassen des Shops trotz gefülltem Warenkorb umfassen. Was genau als relevante Handlung definiert wird und ob diese einen konkreten Bezug zu Branding- oder Performance-Zielen besitzen soll, kann individuell festgelegt werden. Grundsätzlich ist jedoch zu bedenken, dass die Qualität und Quantität der Remarketing-Listen stark von den zugrunde liegenden Kriterien abhängig sind.

▶ Für Branding-Ziele sind Zielgruppen, die über Themen- und Interessenkategorien sowie demo- und geografische Kriterien definiert werden, völlig ausreichend. Stehen jedoch Abverkaufsziele im Vordergrund, so sollten diese Zielgruppenkriterien nur ergänzend genutzt werden. Auch wenn sich über diese mehr Reichweite erzielen lässt, so sind dennoch die eigenen Remarketing-Listen unter monetären Aspekten die qualitativ bessere Wahl.

4.10 Fallbeispiel: Kabel Deutschland

Mit der Aufgabe, über YouTube nachhaltige Reichweite aufzubauen sowie den Abverkauf der Produkte „Internet-Flatrates" und Kabelanschlüsse „Digitales Fernsehen in HD" zu einem wettbewerbsfähigen Cost-per-Order (CPO) anzukurbeln, wandte sich Kabel Deutschland im November 2013 an die Hamburger Performance-Agentur eprofessional. Konkret lautete die Zielstellung des größten Kabelnetzbetreibers in Deutschland: diejenigen Zielgruppen identifizieren, die eine hohe Abschlusswahrscheinlichkeit versprechen und diesen gezielt die Werbevideos von Kabel Deutschland ausspielen. Dabei sollte zunächst ein CPO ermittelt und dieser dann durch Performance-Optimierung auf ein konkurrenzfähiges Niveau gesenkt werden. Für Kabel Deutschland zudem besonders wichtig: die Qualitätssicherung der Werbeumfelder zum Schutz der Marke.

Für die YouTube-Kampagnen stellte Kabel Deutschland zwei Werbevideos zur Verfügung, die mit TrueView InStream-Anzeigen beworben wurden. Klarer Vorteil des gewählten Anzeigenformates: Nicht interessierte Nutzer können die Videos nach fünf Sekunden überspringen. Kosten in Form eines CPVs entstehen nur dann, wenn die Anzeige mindestens 30 s oder ganz wiedergegeben wird, wenn diese kürzer ist. Alle TrueView InStream-Anzeigen wurden um einen Call-to-Action-

Overlay und ein Companion Banner ergänzt. Durch diese Maßnahmen konnten prominent, jedoch ohne das eigentlich beworbene Video anpassen zu müssen, über verschiedene Aktionsangebote zusätzliche Impulse im Kaufentscheidungsprozess gesetzt und die Nutzer direkt in den Bestellprozess übergeleitet werden. Hervorzuheben ist, dass sowohl Klicks als auch Video-Wiedergaben der mit den TrueView InStream-Anzeigen beworbenen Videos für die CPO-Betrachtung berücksichtigt wurden, wenn diese unmittelbar zu Abverkäufen der Kabel Deutschland-Produkte geführt haben. Neben den TrueView InStream- wurden auch TrueView InDisplay-Anzeigen in den YouTube-Suchergebnissen und der Spalte der vorgeschlagenen Videos getestet. Diese wurden jedoch aufgrund der im Vergleich schlechteren Leistungswerte nicht mehr für das weitere Kampagnen-Setup berücksichtigt (Abb. 4.1).

Um Vertragsabschlüsse für die Internet-Flatrates und Kabelanschlüsse „Komfort HD" zu einem möglichst niedrigen CPO zu erzielen, wurden alle verfügbaren Daten aus dem AdWords-Konto und aus dem Multi-Channel-Tracking-Tool „Exactag" ausgeschöpft und für die Optimierung herangezogen. So wurden sukzessive verschiedene Alters- und Geschlechtersegmente, Themen- und Interessenkategorien sowie Remarketing-Listen aus dem Kampagnen-Setup ausgeschlossen, die nicht entsprechend der Kampagnenziele auf die Werbung reagierten. Entscheidende Impulse zur Effizienzsteigerung konnten auch durch eine kontinuierliche Kontrolle und Anpassung der Tageszeiten und Endgeräte, die eine hohe Abschlusswahrscheinlichkeit besaßen, gesetzt werden. Während der gesamten Laufzeit fanden die Videoinhalte, vor denen die TrueView InStream-Anzeigen eingeblendet wurden, und die Häufigkeit der Werbemittelkontakte besondere Beachtung, um keine negativen Effekte auf die Markenwahrnehmung und die Kampagnen-Performance zu riskieren.

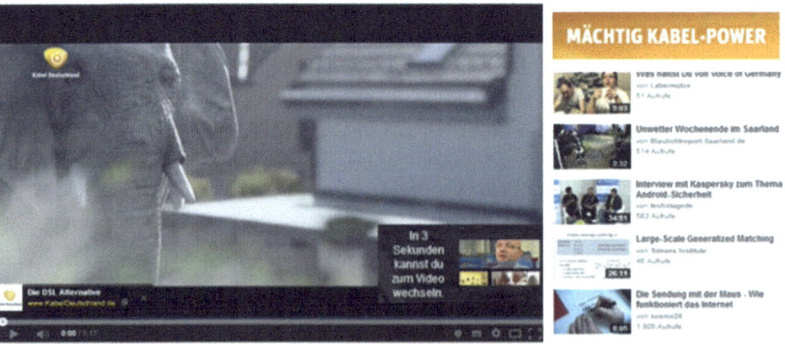

Abb. 4.1 TrueView InStream-Anzeige mit Call-to-Action-Overlay und Companion Banner. (Bildrechte: Kabel Deutschland)

Während der Kampagnen-Laufzeit konnte der ermittelte CPO durch den Performance-Ansatz und das Ausschöpfen aller zur Verfügung stehenden Werkzeuge innerhalb von 8 Wochen um 50 % gesenkt werden. Dieser bewegte sich damit auf einem wettbewerbsfähigen Niveau, das im Vergleich mit anderen Online-Marketing-Disziplinen konkurrieren konnte. Ein entscheidender Faktor hierfür war die kontinuierliche Senkung des CPVs von 0,15 EUR auf bis zu 0,07 EUR, um mit dem eingesetzten Mediabudget die Zielgruppen mit hoher Abschlusswahrscheinlichkeit möglichst effizient zu erreichen. Von einer weiteren Reduktion des CPVs wurde abgesehen, da diese mit einem Reichweitenverlust in den relevanten Zielgruppensegmenten verbunden war, der sich negativ auf die Erfolgskennzahlen ausgewirkt hätte.

Maßgeblich für den Erfolg der konzipierten YouTube-Kampagne von Kabel Deutschland war nicht zuletzt auch ein kanalübergreifendes Tracking über Exactag, das die effektive und effiziente Orchestrierung der einzelnen Werbemittel, Kanäle und Budgets ermöglichte. Parallel zur YouTube-Kampagne wurden SEA-Anzeigen, Display-Werbung und Gmail Sponsored Ads geschaltet. Kabel Deutschland begleitete die gesamte Online-Kampagne zudem zeitweise mit TV-Spots, Print- und Out-of-Home-Anzeigen.

4.11 Fazit

YouTube hat sich seit seiner Gründung 2005 nicht nur unter Branding-Aspekten kontinuierlich zu einem Schwergewicht im Online-Marketing-Mix entwickelt. Bereits im November 2013 konnte Kabel Deutschland in Zusammenarbeit mit eprofessional aufzeigen, dass Performance-Marketing mit YouTube kein Zukunftsszenario mehr war. Heute können Werbungtreibende von immer effizienteren Werbemöglichkeiten, einer stetig steigenden Qualität der Videoinhalte und dem Zusammenwachsen von Google Analytics und YouTube noch stärker profitieren. Wer YouTube-fähige Videos produziert, kann auf der Plattform sehr effektiv Nutzer erreichen und neue Kunden gewinnen. Dabei kann die Videoplattform im Hinblick auf das Erreichen von Performance-Zielen durchaus mit Display-Kampagnen konkurrieren. Entscheidend sind eine präzise festgelegte Zielgruppe sowie eine kontinuierliche Optimierung der Videokampagnen anhand definierter Erfolgskennzahlen.

Aktuell ist der Videomarkt umkämpft wie nie zuvor. Pünktlich zu YouTubes zehntem Geburtstag drängen neue Wettbewerber wie Facebook, Twitter und Instagram auf den Videomarkt und beginnen, erste Tests mit Videoinhalten und entsprechenden Anzeigenformaten auszurollen. YouTube muss reagieren, will man verhindern, dass die Nutzer und gleichzeitig auch die Werbebudgets sukzessive zu anderen Plattformen abwandern. YouTube ist heute und zukünftig noch stärker gefordert, seine derzeit dominante Rolle zu behaupten. Dies hat für Branding- und Performance-Kampagnen auf dem Videoportal entscheidende Vorteile. Um trotz der gewachsenen Konkurrenz weiterhin attraktiv für Werbungtreibende zu bleiben, müssen sowohl die Kriterien zur Zielgruppendefinition noch granularer und präziser, die bestehenden TrueView-Anzeigenformate optimiert und neue konzipiert als auch Synergien zwischen Video-, SEA- und Banner-Anzeigen stärker betont werden. Dabei wird es für YouTube von entscheidender Bedeutung sein, den immer größer werdenden Wunsch der Werbungtreibenden zu bedienen, mit TrueView-Anzeigenformaten direkt monetäre Vertriebsziele zu unterstützen.

5 Transparenz und Effizienz: YouTube in der Customer Journey

Zusammenfassung

Das Wissen darüber, welche Wege Nutzer im digitalen Raum bis zum Kauf eines Produktes beschreiten, ist nicht nur sprichwörtlich bares Geld wert. Wird die Customer Journey systematisch und vollständig erfasst, können Ursache- und Wirkungszusammenhänge zwischen den einzelnen Kontaktpunkten und damit auch zwischen den verschiedenen Werbemitteln aller eingesetzten Kanäle ermittelt werden. Hieraus lassen sich zum einen Vorlieben und Präferenzen der Nutzer bis zum Kauf ableiten, die eine effizientere Budgetallokation auf die einzelnen Werbemittel erlauben. Zum anderen kann so auch ein Vergütungsmodell definiert werden, das den jeweiligen Rollen der Kanäle im Kaufentscheidungsprozess der Nutzer gerecht wird. Wie die Kontaktpunkte in der Customer Journey differenziert werden und welche Rolle YouTube dabei einnimmt, das möchte ich Ihnen in diesem Kapitel erläutern.

5.1 Rollen in der Customer Journey

Anhand der Reihenfolge der Kontaktpunkte werden den einzelnen Werbemitteln die Rollen des Introducers (Erstkontakt mit einer Marke oder einem Produkt), des Influencers (bestärken den Nutzer in seiner Kaufabsicht) und des Closers (letztes Werbemittel in der Customer Journey, über das ein Kauf getätigt wurde) zugeordnet. Welche primäre Rolle nun YouTube in der digitalen Kundenreise einnimmt, zeigt das analysierte Praxisbeispiel eines großen deutschen Retailers auf.

Über einen Zeitraum von 13 Monaten wurden mehr als 10.500 Kontakte mit allen YouTube-Werbemitteln über das Multi-Channel-Trackingtool „Exactag" erfasst und den vorgestellten Rollen der Customer Journey zugeordnet. Betrachtet wurden ausschließlich Journeys, die mit einem Kauf abgeschlossen wurden. Der

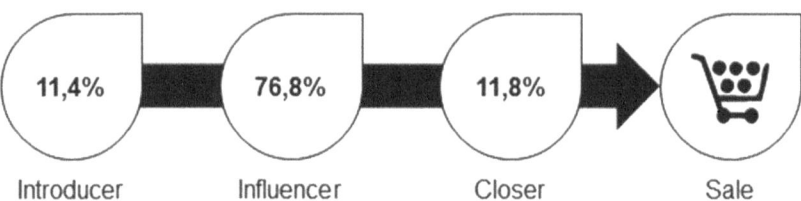

Abb. 5.1 Ungewichtete Rollenverteilung der YouTube-Werbemittelkontakte in der Customer Journey

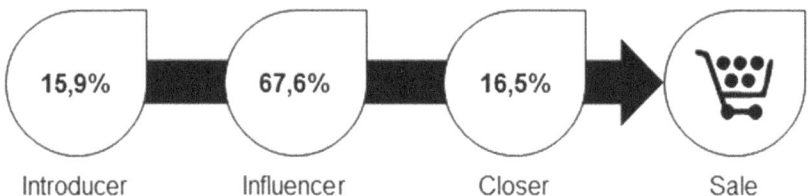

Abb. 5.2 Gewichtete Rollenverteilung der YouTube-Werbemittelkontakte in der Customer Journey

erste bzw. letzte Kontaktpunkt, der durch Werbemittel entstanden ist, wird dabei als Introducer bzw. Closer verstanden. Die letzten vier Kontaktpunkte vor dem Closer werden Werbemitteln zugerechnet, die als Influencer bezeichnet werden. Bei insgesamt mehr als sechs Kontaktpunkten pro Nutzer legt ein Attributionsmodell anhand vorab definierter Wertigkeiten je Online-Marketing-Disziplin die Rollenverteilung fest. Die TrueView-Anzeigenformate nehmen dabei in der Customer Journey eine klare Rolle ein (Abb. 5.1).

Um eine bessere Vergleichbarkeit zwischen den einzelnen Rollen der Customer Journey zu erreichen, müssen die Influencer-Kontakte gewichtet werden, da auf sie aktuell vier mögliche Kontakte entfallen. Hierfür wurden diese durch ihre durchschnittliche Häufigkeit als Influencer in der Customer Journey geteilt. Im Ergebnis zeigt sich eine leichte Umverteilung der einzelnen Rollen (Abb. 5.2).

Die aufgezeigte Rolle von YouTube in der Customer Journey ist im vorgestellten Beispiel sehr stark durch Remarketing-Listen geprägt. Um die Aussagekraft der Analyse weiter zu stärken, wurden für den Retailer TrueView-Kampagnen erstellt, für die bereits markierte Nutzer nicht erneut angesprochen wurden. Eines ist bei der Auswertung der gewichteten Ergebnisse aller TrueView-Kampagnen sehr deutlich geworden: Unabhängig von den gewählten Zielgruppenkriterien ist YouTube primär ein Influencer, dessen Qualität vor allem durch Remarketing-Listen signifikant gesteigert werden kann (Abb. 5.3).

5.2 YouTubes Rolle in der Customer Journey

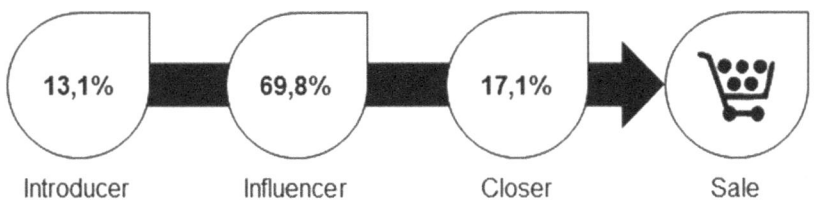

Abb. 5.3 Identische Rollenverteilung bei unterschiedlichen Zielgruppenkriterien

Die Rolle von YouTube in der Customer Journey
Bevor Sie weiterlesen: Nehmen Sie sich an dieser Stelle bitte einen Moment Zeit und schauen Sie sich die primäre Rolle von YouTube in der Customer Journey etwas genauer an. Hätten Sie diese Verteilung erwartet? Was spricht aus Ihrer Sicht im Vergleich zu anderen Online-Marketing-Disziplinen dafür und was dagegen?

5.2 YouTubes Rolle in der Customer Journey

Betrachtet man die vorgestellten Rollen der Customer Journey im Kontext des Sales-Funnels, so muss zunächst eine möglichst große Anzahl von potenziellen Käufern auf ein Produkt oder eine Marke aufmerksam gemacht werden. Prädestiniert für die Aufgabe des Introducers sind verschiedene Bannerformate, die im Google Display-Netzwerk auf thematisch passenden Webseiten geschaltet werden. Über variierende Größen, Platzierungen und Botschaften der einzelnen Banner kann so der Erstkontakt mit einer Vielzahl von Nutzern hergestellt werden. Während klassische Banner-Anzeigen zum Teil auf statische Text- und Bildnachrichten zurückgreifen, stehen bei YouTube Anzeigenformate mit Bewegtbild-Inhalten im Mittelpunkt. Obwohl sich über YouTube ebenfalls große Reichweiten erzielen lassen, ist der Videoplattform und seinen Anzeigenformaten dennoch primär die Rolle des Influencers zuzuordnen. Die Kombination aus Ton und Bewegtbild verknüpft die Werbebotschaft mit Emotionen, die sich besser im Gedächtnis des Nutzers verankern und ihn in seiner Kaufabsicht bestärken. Ist das Kaufinteresse eines Nutzers geweckt, sucht dieser meist auf Google nach konkreten produkt- oder markenbezogenen Begriffen, um den Kauf zu tätigen. Anschließend erscheinen zumeist über und neben den organischen Suchergebnissen bezahlte und prominent in Szene gesetzte SEA-Anzeigen. Diese leiten den Nutzer direkt in den entsprechenden Online-Shop weiter und stellen damit quantitativ die Werbemittel, die am häufigsten der Rolle des Closers zugeordnet werden.

Selbst bei einem Kampagnen-Setup, das mit qualitativ hochrelevanten Remarketing-Listen arbeitet, auf abverkaufsorientierte Videos zurückgreift und zusätzlich Erkenntnisse aus der Customer Journey-Analyse einbezieht, wird eines sehr deutlich: YouTube ist in der digitalen Kundenreise kein primärer Closer, wie es bei der Suchmaschinenwerbung der Fall ist. Dennoch kann das Videoportal nicht nur als starker Influencer punkten, sondern bei einem nicht ausschließlich auf Remarketing-Listen basierenden Kampagnen-Setup auch als Introducer.

Grundsätzlich gilt: Die Wirkung der einzelnen Kanäle in der Customer Journey ist besonders groß, wenn auf ein kanalübergreifendes Storytelling geachtet wird. Ein entscheidender Hebel hierfür sind granulare und aufeinander abgestimmte Remarketing-Listen, mit denen Sie Nutzer in ihren unterschiedlichen Stadien des Kaufentscheidungsprozesses differenzieren können. So können Sie beispielsweise Nutzer, die mindestens einen Kontakt mit Ihrer Marke oder Ihrem Produkt hatten, auf YouTube mit weiterführenden Informationen, zeitlich limitierten Aktionen oder Rabatten erreichen. Dies hat für Nutzer und Werbungtreibende Vorteile: Der Nutzer erhält nicht immer die gleichen, sondern für ihn zusätzliche entscheidungsrelevante Details und Anreize, die ihn in seiner Kaufabsicht bestärken. Gleichzeitig vermeiden Werbungtreibende redundante Werbemittelkontakte, die sich negativ auf die Marke und das eingesetzte Mediabudget auswirken.

> An dieser Stelle ein gut gemeinter Hinweis und gleichzeitig auch Appell: Nutzer, die den Bestellprozess ohne den Kauf eines Produktes abgeschlossen haben, sind unter Performance-Aspekten eine hochrelevante Zielgruppe. Kontaktieren Sie diese dennoch nicht täglich mehrfach mit den gleichen Videoanzeigen, da diese sonst schnell als störend empfunden werden und sich negativ auf die Marken- und Produktwahrnehmung auswirken. Einige Kaufentscheidungsprozesse, vor allem bei High Involvement-Produkten wie Möbeln, Reisen oder Versicherungen, benötigen mehr Bedenk- und Vergleichszeit mit anderen Angeboten. Drängen Sie die Nutzer nicht, seien Sie aber dennoch angemessen präsent. Der richtige Hebel hierfür ist das Frequency-Capping, mit dem Sie die maximale Impressionshäufigkeit Ihrer Videoanzeigen für die Nutzer auf Tages-, Wochen- oder Monatsbasis manuell begrenzen können.
> Behalten Sie dabei vor allem die tatsächliche Anzahl der Einblendungen als Indikator für Ihren derzeitigen Werbedruck im Auge und versetzen Sie sich in die Situation des Kunden. Wie würden Sie Ihre Marke oder Ihr Produkt mit den aktuellen Capping-Einstellungen wahrnehmen?

5.3 Fazit

Aus dem vorgestellten Praxisbeispiel wird deutlich, dass YouTube nicht nur ein Branding-, sondern auch ein Performance-Kanal ist – wenn man ihn im Kontext der Customer Journey versteht. Eine reine Klick- oder Last-Cookie-Wins-Betrachtung greift zu kurz und wird nicht nur YouTube, sondern auch weiteren Kanälen hinsichtlich ihrer Rolle im digitalen Kaufentscheidungsprozess nicht gerecht. Das vollständige Erfassen und Auswerten aller Werbemittelkontakte in der Customer Journey versetzt Werbungtreibende in die Lage, den Weg bis zur finalen Entscheidung ganzheitlich zu verstehen – vom ersten bis zum letzten Kontakt mit einer Marke oder einem Produkt. Die so gewonnenen Erkenntnisse stellen die optimale Bewertungsgrundlage dar, um die tatsächliche Werbeleistung einzelner Online-Marketing-Disziplinen und -Anzeigenformate zu eruieren.

Eine Betrachtung der gesamten Customer Journey ist heute erforderlich, um nicht nur den Kunden auf seiner digitalen Reise besser zu verstehen, sondern gleichzeitig auch, um das eingesetzte Budget möglichst effizient zu allokieren. Dies bedeutet, dass Sie nicht nur die Kontakthäufigkeit optimieren, sondern auch deren Qualität in den einzelnen Phasen des Kaufentscheidungsprozesses der Nutzer. Nicht zu unterschätzen ist der Beitrag einer Customer Journey-Analyse, um das Silo-Denken zwischen einzelnen Online-Marketing-Disziplinen für eine ganzheitliche, übergreifende und nachhaltig effizientere Kampagnensteuerung zu überwinden.

YouTube-Strategiemodell: mit ganzheitlichem Ansatz zum Erfolg

6

> **Zusammenfassung**
>
> Der Umgang mit YouTube stellt Unternehmen vor die komplexe Aufgabe, eine individuell auf das jeweilige Unternehmen und seine Ziele abgestimmte Strategie zu erarbeiten, die zahlreiche inhaltliche und strukturelle Einflussfaktoren sowie deren Wechselwirkungen untereinander berücksichtigt. Für die Strategiefindung auf der weltweit größten Videoplattform existieren derzeit sowohl in der Fachliteratur als auch in verschiedenen Blogs eine Vielzahl von Hinweisen und Anregungen, jedoch kein Modell, das diese zusammenführt.

Das konzipierte Modell orientiert sich am Business Model Canvas und überträgt dessen Prozess der Strategiefindung auf YouTube. Analog zu diesem werden insgesamt neun Elemente unterschieden, die an die individuellen Anforderungen der Videoplattform angepasst wurden. Jedes der nachfolgend vorgestellten Elemente trägt einzeln und vor allem im Zusammenspiel mit anderen maßgeblich zum Erfolg Ihres YouTube-Marketings bei (Abb. 6.1).

Schlüsselpartner	Schlüsselaktivitäten	Wertangebote	Kundenbeziehung	Kundensegmente
Was gibt es bei der Zusammenarbeit mit internen sowie externen Partnern zu beachten und welche Schlüsselpartner sind zwingend erforderlich?	Welche Handlungen sind erforderlich, um heute und zukünftig mit Ihrem YouTube-Marketing erfolgreich zu sein?	Wofür interessieren sich relevante Nutzersegmente und wie können Videos im Rahmen einer Content-Strategie am besten eingesetzt werden?	Mit welchem Umfang und mit welcher Intensität wollen Sie Kundenbeziehungen auf YouTube eingehen?	Werden die gewünschten Nutzersegmente mit Ihrem Videoportfolio erreicht und aktiviert?
	Schlüsselressourcen		**YouTube-Kanal**	
	Welche menschlichen und fachlichen Voraussetzungen sind beim YouTube-Marketing zu berücksichtigen?		Wie kann ein strukturierter und optisch ansprechender Kanal erstellt werden?	
Kostenstruktur			**Einnahmequellen**	
Welche zeitlichen, personellen und monetären Rahmenbedingungen begünstigen die Professionalisierung Ihres YouTube-Engagements?			Mit welchen Erlösmöglichkeiten auf YouTube können Ziele im Online-Marketing effizient unterstützt werden?	

Abb. 6.1 Elemente für ein professionelles YouTube-Marketing

© Springer Fachmedien Wiesbaden 2016
C. Seehaus, *Video-Marketing mit YouTube*, DOI 10.1007/978-3-658-10257-9_6

▶ Beachten Sie bitte, dass das Modell nicht den Anspruch erhebt, Ihnen eine universelle Strategie für den Erfolg auf YouTube an die Hand zu geben. Dies ist im Hinblick auf die Anforderungen verschiedener Branchen, Produkte, Dienstleistungen, die individuell definierten Zielgruppensegmente sowie aufgrund des abweichenden Inhaltes und der Gestaltung einzelner Videos nicht möglich. Das Strategiemodell soll Ihnen jedoch verdeutlichen, welche Elemente zu beachten sind, und Ihnen damit gleichzeitig verschiedene Ansatzpunkte aufzeigen, um Ihr YouTube-Engagement nachhaltig zu verbessern.

6.1 Schlüsselpartner

Auf der eigenen Homepage, der Facebook-Seite, im YouTube-Kanal oder auf verschiedenen externen Blogs: Die Einsatzmöglichkeiten für YouTube-Videos sind sehr variabel und bieten viel Spielraum, um den Nutzern gezielt multimediale Inhalte anzubieten. Obwohl Sie Ihre Videos mit interaktiven Formaten wie Infokarten, Call-to-Action-Overlays und Anmerkungen anreichern können, kann bei TrueView-Kampagnen der Inhalt Ihrer Anzeigen nicht so leicht wie bei der Suchmaschinen- oder Bannerwerbung geändert werden. Vor diesem Hintergrund ist es entscheidend, von Beginn an auf Schlüsselpartner zurückgreifen zu können, die Sie bei allen wichtigen Elementen in Ihrem YouTube-Marketing unterstützen.

6.1.1 Kreativ- und Online Advertising-Partner

Professionelles YouTube-Marketing erfordert ein aus Nutzersicht in sich schlüssiges und konsistentes Konzept, das von der Video-Planung über die Umsetzung bis hin zur Bewerbung eine nachhaltig positive Marken- und Produktwahrnehmung sicherstellt. Zwei wichtige Akteure in diesem Konzept sind der Kreativ- und Online Advertising-Partner. Beide Schlüsselpartner sollten dabei nicht isoliert voneinander betrachtet und gesteuert werden, sondern gemeinsam und effizient miteinander verzahnt sein. Hier entstehen Vorteile für alle Beteiligten: Der Kreativ-Partner kann von den Erfahrungen aus dem operativen Kampagnen-Management und dem Wissen um neue Anzeigenformate, Best Practices und limitierte Beta-Versionen profitieren. Dieses Wissen liefert in der Konzeptions- und Produktionsphase des Kreativ-Partners wichtige Impulse, um in harmonischem Zusammenspiel das

Fundament für ein übergreifendes Storytelling zu legen. Im Ergebnis entstehen so Videoinhalte, die aufmerksamkeitsstark mit den vielfältigen Möglichkeiten der interaktiven Formate und weiterführenden Informationen spielen. Positiver Nebeneffekt: Das Erreichen von vorab definierten Erfolgskennzahlen im operativen Kampagnen-Management wird begünstigt und trägt mit einem effizienten Kampagnen-Setup maßgeblich zum Gelingen Ihres YouTube-Marketings bei.

6.1.2 Google

Während Sie bei den Kreativ- und Online Advertising-Partnern meist auf interne Ressourcen oder aus einer Vielzahl von externen Anbietern auswählen können, gibt es einen Partner, auf den Sie nicht verzichten sollten: Google. Konkret sind hier die verschiedenen Ansprechpartner gemeint, die Sie beim Aufbau oder der Professionalisierung Ihres YouTube-Marketings unterstützen. Durch ein breites Portfolio von Analysemöglichkeiten und Branchen-Benchmarks für CPVs und Aufrufraten, auf die Sie selbst keinen Zugriff haben, erhalten Sie ein sehr gutes Bild davon, wie Ihr YouTube-Engagement und Ihre TrueView-Kampagnen im Vergleich zu Wettbewerbern abschneiden. Die Einrichtung der Brand Lift Survey und der Brand Interest Survey sowie die Teilnahme an limitierten Beta-Versionen, aus deren Ergebnissen sich wertvolle Erkenntnisse ableiten lassen, ist aktuell nur durch Ihre Google-Ansprechpartner möglich. Grund genug, warum Sie nicht auf eine produktive und für Ihr YouTube-Marketing sehr wertvolle Partnerschaft verzichten sollten.

▶ Stoßen Sie früh einen ganzheitlichen Austausch zwischen allen beteiligten Partnern an, um Informationsasymmetrien von Beginn an zu reduzieren. Die Erfahrungen und das Wissen aller Partner münden in einen gemeinsam angestoßenen Lernprozess, der kreative, operative und strategische Aspekte umfasst und für das Erreichen von Zielen im Online-Marketing unverzichtbar ist.

Besuchen Sie zudem regelmäßig verschiedene kostenlose Google-Veranstaltungen, bei denen Sie wertvolle Neuigkeiten und Erkenntnisse für Ihr YouTube-Marketing erhalten. Sie haben dort die Möglichkeit, direkt Antworten auf Ihre Fragen zu erhalten und Feedback zu Anzeigenformaten, Beta-Versionen und anderen Themen zu geben. Ob es Live-Trainings in Ihrer Nähe gibt, können Sie unter https://events.withgoogle.com/google-partner-academy-trainings-101/live-trainings prüfen. Optional stehen Ihnen auch zahlreiche Online-Seminare zur Verfügung, die Sie jederzeit kostenlos abrufen können. Sie finden diese unter http://www.google.de/ads/experienced/webinars.html.

6.2 Schlüsselaktivitäten

Die Grundvoraussetzung für das Erreichen von definierten Zielen im Zusammenhang mit dem YouTube-Marketing ist ein strukturiertes und geplantes Vorgehen, das sowohl gegenwärtige als auch zukünftige Entwicklungen auf der weltweit größten Videoplattform berücksichtigt. Um diese zu erfassen, sind verschiedene und aufeinander aufbauende Handlungen erforderlich. Diese werden als Schlüsselaktivitäten bezeichnet, da ihnen eine zentrale Rolle bei der Professionalisierung Ihres YouTube-Marketings zukommt. Die nachfolgend vorgestellten Schlüsselaktivitäten orientieren sich an der von Donna Hoffmann vorgeschlagenen Einteilung in „Listen", „Experiment", „Apply" und „Develop" (McKinsey 2009). Die einzelnen Aktivitäten wurden dabei auf die spezifischen Anforderungen des YouTube-Marketings übertragen und angepasst.

6.2.1 Listen

Das kontinuierliche und vollständige Monitoring, das auch als „Listen" bezeichnet wird, umfasst die systematische Erfassung einer Vielzahl von Faktoren, die ein Unternehmen und sein YouTube-Marketing direkt beeinflussen. Wurden bestehende Premium- und TrueView-Anzeigenformate überarbeitet, oder wurde das Anzeigenportfolio um neue Formate erweitert? Gibt es Beta-Versionen, an denen Sie teilnehmen können, um Neuerungen bereits vor der Veröffentlichung zu testen und vorab erste Erfahrungen zu sammeln? Ergänzend hierzu müssen neben den Daten, die Ihnen YouTube Analytics und das Google AdWords-Konto bieten, vor allem die Aktivitäten der Wettbewerber berücksichtigt werden. Aus den inhaltlichen Schwerpunkten ihrer Kanäle, der Wiedergabezahl je Video sowie den verwendeten Anzeigenformaten lassen sich operative und strategische Stoßrichtungen ableiten. Im Ergebnis entsteht so ein umfassendes und detailliertes Bild der aktuellen Situation, das Ihnen wichtige Anhaltspunkte für Ihr YouTube-Marketing liefert.

6.2.2 Experiment

Aufbauend auf den gewonnenen Erkenntnissen aus dem Monitoring folgt zunächst eine Phase des Experimentierens mit verschiedenen Zielgruppensegmenten, TrueView-Anzeigenformaten und geeigneten Kampagnen-Setups. Diese Phase ist von vielen kleinen Testläufen gekennzeichnet, die zunächst mit geringem personellen, zeitlichen und monetären Aufwand umgesetzt werden. Diese Testläufe können verschiedene Videos mit abweichenden Längen und inhaltlichen Schwerpunkten, mehreren kreativen Inszenierungen der ersten fünf Sekunden oder individuell gestaltete interaktive Formate umfassen. Alle initiierten Experimente werden dabei regelmäßig hinsichtlich ihrer Effektivität und Effizienz unter vergleichbaren Rahmenbedingungen analysiert und bewertet. Die erfolgreichsten Experimente werden anschließend in einem kontinuierlichen Prozess weiter auf die vorab definierten Zielstellungen optimiert.

6.2.3 Apply

Die temporär aufgesetzten Experimente werden im Zuge eines iterativen Vorgehens zu langfristigen und zunehmend profitablen Lösungen entwickelt. Dabei ist hervorzuheben, dass Ihr YouTube-Marketing harmonisch mit allen anderen eingesetzten Online-Marketing-Disziplinen verzahnt werden muss, um übergeordnete Ziele im Verbund unterstützen zu können. Verbindende Elemente finden sich hier in gemeinsam genutzten Remarketing-Listen, einer konsistenten Ansprache der Nutzer über alle Werbemittel hinweg oder einer ganzheitlichen und in Summe für alle Online-Marketing-Disziplinen festgelegten Kontakthäufigkeit. Bei Performance-Kampagnen gilt: Eine faire Leistungsbewertung aller Disziplinen erfordert eine regelmäßige Customer Journey-Analyse, um ihre Effekte untereinander zu verstehen und den jeweiligen Beitrag für Ihre Ziele im Online-Marketing zu eruieren.

6.2.4 Develop

Die zunehmende Konkurrenz auf dem Videomarkt durch Facebook, Twitter und Instagram sorgt dafür, dass es zahlreiche Neuerungen für Unternehmen und Werbungtreibende auf YouTube gibt. Aus diesen Voraussetzungen können für Ihr YouTube-Marketing zwei Vorgehensweisen abgeleitet werden. Zum einen können Sie aufkommenden Trends (z. B. Unboxing von Produkten), verfügbaren Tools (z. B. YouTube Analytics) und aktuellen Technologien (z. B. 360°-Videos) folgen und diese möglichst gut für Ihre Zielstellungen anpassen. Zum anderen können Sie auch abseits bestehender Möglichkeiten eigene Ideen entwickeln, daraus Lösungen erarbeiten und in kleinen Experimenten testen. Unabhängig davon, welchen Weg Sie einschlagen: Im Vordergrund muss immer eine ausgeprägte Orientierung an den Wünschen und Bedürfnissen der Nutzer stehen, die Ihren gegenwärtigen und zukünftigen Kunden entsprechen.

6.3 Schlüsselressourcen

Ob für Branding- oder Performance-Ziele: YouTube ist in einem ganzheitlichen und effizienten Online-Marketing-Mix nicht mehr wegzudenken. Die aktuellen Anzeigenformate, Kriterien zur Zielgruppendefinition sowie die Möglichkeiten zur erweiterten Erfolgsmessung über Marktforschungen sind sehr facettenreich. Zahlreiche Beta-Versionen, die verschiedene Zielstellungen zukünftig noch besser unterstützen, wurden bereits angekündigt. Um hier nicht den Überblick zu verlieren, ist es entscheidend, mindestens einen zentralen Ansprechpartner für die Videoplattform im Unternehmen zu benennen, der das YouTube-Engagement fachlich und mit entsprechenden Befugnissen verantwortet.

6.3.1 Zentraler YouTube-Ansprechpartner im Unternehmen

Bei der Definition einer Strategie, verbunden mit messbaren Zielen und konkreten Maßnahmen zur Umsetzung, wird häufig zugunsten direkt messbarer Faktoren das Einwirken der beteiligten Menschen als entscheidender Faktor vernachlässigt. Erfolgreiches und effizientes YouTube-Marketing beinhaltet jedoch auch die Berücksichtigung weicher Faktoren wie Vertrauen, Kommunikation, Kooperation, Konfliktfähigkeit und Engagement. Besonders bei der Zusammenarbeit mit weiteren Fachbereichen im Unternehmen oder mit externen Partnern wie Kreativ- und Online Advertising-Agenturen ist ein zentraler Ansprechpartner erforderlich. Er ist hauptverantwortlich für das YouTube-Marketing und übernimmt die Konzeption und Umsetzung von Videokampagnen selbst oder beauftragt hierfür einen oder mehrere Dienstleister. Entscheidend für den Erfolg des YouTube-Marketings ist, dass alle Beteiligten bereits bei der Ideenfindung, Planung und Umsetzung von neuen Videos in engem Kontakt stehen. Erfahrungen und Impulse aus der operativen Kampagnensteuerung werden hierdurch bereits bei der Kreation berücksichtigt. Im Ergebnis entstehen so zielführende Werbemittel, bei denen unter anderem interaktive Formate harmonisch eingebunden sind und einen deutlichen Mehrwert für die Nutzer und somit auch die Unternehmen darstellen.

6.3.2 Fachliche Qualifikation und finanzielle Befugnisse

Die Benennung eines zentralen Ansprechpartners ist nur ein Aspekt, den es für ein professionelles YouTube-Marketing zu berücksichtigen gilt. Denn ergänzend hierzu muss dieser zum einen auch über die notwendige fachliche Qualifikation verfügen, um interne und externe Hürden zu überwinden und das YouTube-Engagement unter Berücksichtigung aktueller Neuerungen weiterzuentwickeln. Zum anderen muss die Stelle des Ansprechpartners so im Unternehmen verankert sein, dass dieser auch über die erforderlichen finanziellen Befugnisse zur Freigabe von Werbebudgets verfügt. Zusammenfassend wird durch den Ansprechpartner ein Rahmen geschaffen, in dem eine strukturierte und methodische Vorgehensweise zur Professionalisierung des YouTube-Marketings ermöglicht wird.

6.4 Wertangebote

Ihre Videos sind das Herzstück für den Erfolg Ihres YouTube-Marketings. Egal, ob Sie Branding- oder Performance-Ziele erreichen wollen: Ohne gutes Videomaterial geht auf der weltweit größten Videoplattform gar nichts. Die Kombination aus Ton und Bewegtbild ist eine ideale Möglichkeit, um das Unternehmen und seine Produkte kreativ, interaktiv und authentisch vorzustellen. Dabei müssen Sie sich im Klaren darüber sein, was sie im Rahmen einer definierten Strategie mit Ihrem Videomaterial erreichen wollen. In Anlehnung an das vorgeschlagene Vorgehen im „YouTube Creator Playbook for Brands" (Google a) beleuchtet dieser Abschnitt, wie Sie Ansatzpunkte für inhaltliche Schwerpunkte sowie die Art und Weise der Aufbereitung neuer Videos finden.

6.4.1 Inspirationen für neue YouTube-Videos

Die zentrale Frage, die Sie sich bei der Themenfindung für zukünftige Videos stellen sollten, lautet: Wofür interessiert sich Ihre relevante Zielgruppe und was will sie sehen? Zur Beantwortung der Fragestellung können Sie auf eine Vielzahl von Quellen zurückgreifen, die Sie mit wertvollen Daten versorgen. Daraus lassen sich Anhaltspunkte für den inhaltlichen Schwerpunkt neuer Videos und Optimierungsmöglichkeiten aktueller Videos mit Infokarten, Annotations oder auch Call-to-Action-Overlays ableiten.

Google Trends (www.google.de/trends)
Der Online-Dienst stellt detaillierte Informationen darüber zur Verfügung, wie sich das Suchvolumen bestimmter Begriffe im Zeitverlauf in der Google-Suche entwickelt hat und welche Themen gerade überproportional stark gefragt sind. Die weltweiten Daten reichen dabei bis 2004 zurück und können auch deutlich granularer für einzelne Länder ausgewertet werden (Abb. 6.2).

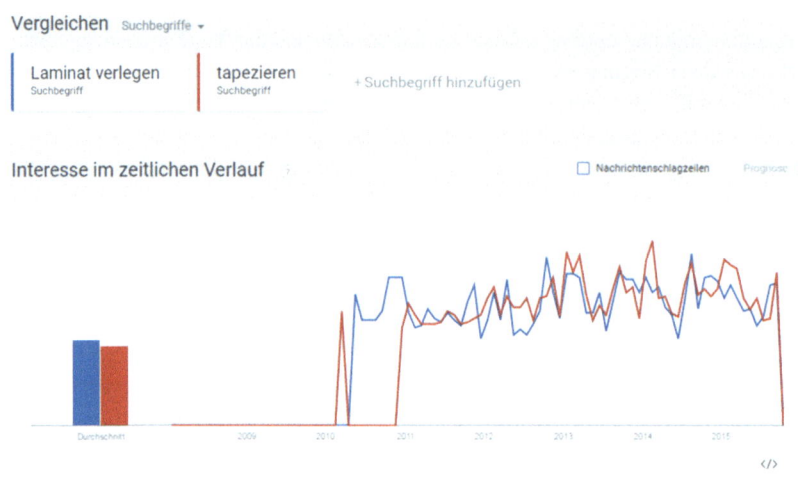

Abb. 6.2 Entwicklung der Suchanfragen zu „Laminat verlegen" und „tapezieren". („Google and the Google logo are registered trademarks of Google Inc., used with permission.")

YouTube Trends (www.google.de/trends/hotvideos)
Alle Daten und Suchvolumen im Zeitverlauf können auch nur für YouTube betrachtet und für die Themenfindung herangezogen werden. Vor allem die Kategorie „verwandte Suchanfragen" liefert sehr gute Anhaltspunkte darüber, welche Aspekte eines Themas für die Nutzer besonders relevant sind.

▶ Die bei Google und YouTube Trends verfügbaren Daten werden nicht in absoluten, sondern in relativen Werten zur Verfügung gestellt. Ausgehend vom höchsten Wert werden die anderen dazu in Bezug gesetzt. Dabei wird angegeben, wie viel Volumen anderen Suchanfragen im Verhältnis zum höchsten Wert zukommt.

YouTube Trends Dashboard (www.youtube.com/trendsdashboard)
Videovorlieben einzelner Alters- und Geschlechtersegmente in manuell definierbaren Ländern können gezielt mit dem YouTube Trends Dashboard analysiert werden. Der nutzerzentrierte Online-Dienst gibt nicht nur Aufschluss darüber, welche Videos aktuell besonders häufig wiedergegeben werden, sondern auch, welche Videoinhalte in den letzten 24 h am häufigsten über Facebook und Twitter geteilt wurden.

6.4 Wertangebote

Abb. 6.3 Detaillierte Daten zu Aufrufen, Wiedergabezeit und Wiedergabedauer

YouTube Analytics (www.youtube.com/analytics)
Ob und wie gut bestehende Videos bei den Nutzern angekommen sind, lässt sich sehr gut über die verschiedenen Filter- und Auswertungsmöglichkeiten in den YouTube Analytics herausfinden. Anhand der Zuschauerbindung, der durchschnittlichen Wiedergabedauer und weiterer Kennzahlen können Sie verschiedene Videos direkt miteinander vergleichen. Aus Nutzersicht uninteressante Themen oder die Aufbereitung einzelner Sequenzen, die regelmäßig zu Abbrüchen in der Video-Wiedergabe führen, können so identifiziert und bei neuen Produktionen vermieden werden (Abb. 6.3).

Das eigene AdWords-Konto (www.adwords.google.com)
Ein guter Anlaufpunkt, um Inspirationen für neue Videos zu erhalten, sind auch Erfahrungen aus der eigenen Suchmaschinenwerbung. Welche zu Ihrer Marke oder Ihren Produkten passenden KeyWords werden besonders häufig gesucht und sollten definitiv für geplante Videoproduktionen, auch wenn nur auf der Tonspur, berücksichtigt werden? Ist ein ausreichend großes Suchvolumen Ihrer KeyWords in Kombination mit dem Begriff „Anleitung" vorhanden, so ist dies ein deutliches Indiz für ein Thema, mit dem Sie Nutzern einen deutlichen Mehrwert bieten können.

Ziehen Sie bei der Themenfindung immer mehrere Quellen heran, um ein möglichst umfassendes Bild der aktuellen Vorlieben, Interessen und aufkommenden Trends zu erhalten. Je mehr Anhaltspunkte Sie für Ihre geplanten Videoinhalte sowie deren Art und Weise der Aufbereitung finden, desto besser sind zeitliche und monetäre Aufwände bei einer Videoproduktion im Hinblick auf die Ziele Ihres YouTube-Marketings investiert.

6.4.2 Content-Strategie für Ihre Videoinhalte

Der inhaltliche Schwerpunkt Ihrer nächsten YouTube-Videos, der zu Ihrer Marken- und Themenwelt sowie den damit verbundenen Alleinstellungsmerkmalen passt, ist gefunden. Im nächsten Schritt müssen Sie entscheiden, wie der Inhalt im Hinblick auf die Ziele Ihres YouTube-Marketings unter quantitativen und qualitativen Aspekten produziert und strukturiert werden soll. Google empfiehlt hierfür im „Creator Playbook for Brands" (Google a), die Nutzer mit inspirierenden, bildenden oder unterhaltenden Inhalten zu begeistern. Diese können als Hygiene-, Hub- oder Hero-Content erstellt werden und sind für sehr unterschiedliche Ziele im Online-Marketing geeignet.

Hygiene-Content
Das Fundament Ihrer Videoinhalte, die Sie Nutzern in Ihrem YouTube-Kanal präsentieren, wird als Hygiene-Content bezeichnet. Er umfasst sowohl Hilfestellungen und Antworten zu regelmäßig wiederkehrenden Suchanfragen als auch Tutorial- und How-to-Videos zu Ihren Produkten. Hygiene-Inhalte sind dafür prädestiniert, im Rahmen einer Service-Strategie mit TrueView InDisplay-Anzeigen bei passenden Suchanfragen in den YouTube-Suchergebnissen platziert zu werden. Hygiene-Content ist nicht an zeitlich befristete Aktionen gebunden, sondern stellt die grundsätzlich für Nutzer relevanten Informationen zu Ihrem Unternehmen, Ihrer Marke oder Ihren Produkten jederzeit und bedarfsgerecht bereit. Eine vielfältige Themenwelt, die zum Produktportfolio des Unternehmens passt, deckt die Drogeriemarktkette dm in ihrem YouTube-Kanal ab. In verschiedenen Formaten, die speziell für YouTube produziert sind, werden Fragen der Nutzer in informativen und unterhaltsamen Videobeiträgen beantwortet (dm Deutschland auf YouTube).

Hub-Content
Aufbauend auf dem Hygiene-Content, der Nutzer mit den grundsätzlichen Informationen zu Produkten und deren Verwendung versorgt, animiert Hub-Content die Nutzer zur regelmäßigen Wiederkehr in den YouTube-Kanal. Er wird meist fortlaufend in zeitlich festen Intervallen produziert und kann verschiedene, einander ergänzende Episoden zu einem Thema umfassen. Gemäß der meist aktivierenden und erinnerungsstarken Ausprägung des Hub-Contents wird dieser bevorzugt mit Push-Anzeigenformaten kombiniert, um primär auf unterhaltsame und humorvolle Weise besondere Produkteigenschaften hervorzuheben.

Hero-Content
Er entspricht einer sehr kostenintensiven Video-Produktion, die speziell für besondere und nicht alltägliche Ereignisse erstellt wird. Hero-Content begleitet meist Markteinführungen von Produkten, die durch prominente Testimonials und aufwendige Videokonzepte gekennzeichnet sind. Das Ziel ist es, eine möglichst hohe Reichweite und Aufmerksamkeit zu erlangen. Im Rahmen einer Push-Strategie kommen hier bevorzugt InStream- und TrueView InStream-Anzeigen zum Einsatz, um für eine effiziente Zielgruppendurchdringung auch TV-Spots auf YouTube zu verlängern. Ein Paradebeispiel für Hero-Content ist das mehr als 80 Mio. Mal aufgerufene Video „The Epic Split" (Volvo auf YouTube), in dem Volvo in Zusammenarbeit mit dem Schauspieler Jean-Claude van Damme auf eindrucksvolle Weise seine Produkte in Szene setzt.

6.5 Kundenbeziehung

Ausgehend vom verfügbaren Video-Portfolio und den damit verbundenen inhaltlichen Schwerpunkten kann das YouTube-Marketing einen großen Beitrag zum Aufbau und Erhalt von rentablen Beziehungen zu gegenwärtigen und potenziellen Kunden leisten. Entscheidend dabei ist, dass die gewählten Maßnahmen aus den übergeordneten Zielen im Online-Marketing abgeleitet und im Zusammenspiel mit anderen Disziplinen verstanden und gesteuert werden. Je nach Art, Umfang und Intensität der angestrebten Kundenbeziehungen können diese einer Service- oder Performance-Strategie zugeordnet werden.

6.5.1 Service-Strategie

Videos mit Hilfestellungen zu Produkten, die Nutzer bedarfsgerecht über YouTube suchen und aufrufen können, sind charakteristisch für eine Service-Strategie. Prädestiniert für diese Ausrichtung sind TrueView InDisplay-Anzeigen, mit denen – thematisch zur Suchanfrage des Nutzers – passende Bewegtbild-Inhalte prominent in den YouTube-Suchergebnissen platziert werden. Der inhaltliche Schwerpunkt liegt dabei primär auf How-to- und Tutorial-Videos, die häufig gestellte Nutzerfragen aufgreifen und diese kompakt in multimedialer Form beantworten. Die Service-Strategie ist dabei mit einer langfristigen Entwicklung verbunden, die eine Marke und deren Produkte nachhaltig positiv in der Wahrnehmung der Nutzer verankert. Aufgrund von Neuerungen, die einzelne Produkte oder auch die Möglichkeiten der Aufbereitung auf YouTube betreffen, muss das Portfolio von Service-Videos regelmäßig aktualisiert und erweitert werden, damit dieses auch von den

Nutzern als relevant wahrgenommen wird. Ein thematisch zum Inhalt des Videos passender Raum kann über einzelne interaktive Formate geschaffen werden, indem weiterführende Videos oder Inhalte auf der Webseite angeboten werden.

6.5.2 Performance-Strategie

Im Unterschied zur Service-Strategie stehen bei Performance-Kampagnen keine Hilfestellungen für Nutzer im Mittelpunkt, sondern primär wirtschaftliche Aspekte. Entscheidend für die Erfolgsbewertung ist, ob ein Nutzer ein oder mehrere Produkte im Online-Shop gekauft oder eine andere gewünschte Handlung durchgeführt hat, die im Kontext der Customer Journey einen direkten Bezug zu den monetären Zielen des Online-Marketings hat. Für eine effiziente Performance-Strategie kann zum einen auf TrueView InStream-Anzeigen, die um Infokarten ergänzt werden, und zum anderen auf Shoppable TrueView Ads zurückgegriffen werden. Auch wenn beide Push-Formate das beworbene Video interaktiv gestalten, gibt es dennoch einen Unterschied: Infokarten entsprechen einem inhaltlich statischen Format, das jedem Nutzer, unabhängig davon, ob er im Online-Shop war und welche Produkte er sich dort angeschaut hat, die gleichen Inhalte anzeigt. Shoppable TrueView Ads hingegen erfordern einen gepflegten Produktdaten-Feed sowie Remarketing-Listen. Sie können den Nutzern genau die Produkte präsentieren, für die sie sich auch tatsächlich interessieren.

▶ Nutzen Sie den kreativen Spielraum, den Ihnen die interaktiven Infokarten bieten. Verwenden Sie für die Service-Strategie individuell erstelltes Bildmaterial, falls dies für den von Ihnen gewählten Infokarten-Typ möglich ist. Für Performance-Kampagnen können Sie neben einem Marken- oder Produktlogo auch Preise mit oder ohne Störer im Infokartenbild platzieren. Nicht vergessen: Hinterlegen Sie auch für alle Infokarten-Typen, die Nutzer bei einem Klick auf eine externe Webseite weiterleiten, einen Tracking-Link, um den Beitrag von YouTube für Ihr Online-Marketing zu erfassen.

▶ Die Service- und Performance-Strategie kann jeweils einzeln oder auch kombiniert eingesetzt werden, um die definierten Ziele im YouTube-Marketing zu erreichen. Bedenken Sie jedoch, dass die positiven wechselseitigen Effekte aus dem Zusammenspiel beider Strategien auf monetäre Größen nur durch eine ganzheitliche Betrachtung der digitalen Kundenreise, die im Idealfall auch alle weiteren Online-Marketing-Disziplinen einschließt, sichtbar werden.

6.6 YouTube-Kanal

Werden Nutzer über organische oder beworbene Videos auf eine Marke oder ein Produkt aufmerksam, ist der YouTube-Kanal meist der erste Anlaufpunkt auf der Videoplattform, um weitere Informationen zu erhalten. Daher gilt für das Aushängeschild Ihres Unternehmens: Der erste Eindruck zählt. Damit dieser bei den Nutzern in positiver Erinnerung bleibt, stehen Ihnen verschiedene und sofort umsetzbare Maßnahmen für eine individuelle, optisch attraktive und möglichst einladende Kanalstruktur zur Verfügung.

6.6.1 Kanalbild und Kanalsymbol

Der erste Eindruck beim Besuch eines YouTube-Kanals wird wesentlich durch dessen visuelle Gestaltung geprägt. Hierfür stehen dem Kanalinhaber das Kanalbild und das Kanalsymbol zur Verfügung, die neben den Thumbnails die einzigen grafischen und geräteübergreifenden Elemente darstellen, die individuell gestaltet werden können. Durch das Zusammenspiel ergeben sich im Rahmen der Corporate Identity gestalterische Spielräume, um mit kreativen und innovativen optischen Konzepten die Attraktivität des Kanals zu erhöhen und sich durch einen homogenen Auftritt deutlich von Wettbewerbern abzugrenzen. Eines sollte dabei jedoch immer im Vordergrund stehen: Dem Nutzer muss bei aller gestalterischen Freiheit auf einen Blick klar werden, worum es in Ihrem YouTube-Kanal geht und welche inhaltlichen Schwerpunkte mit Videoinhalten bedient werden (Abb. 6.4).

Das Kanalbild entspricht dem Titelbild und wird ganz oben in Ihrem YouTube-Kanal angezeigt. Es ist für alle Nutzer öffentlich sichtbar, unabhängig davon, ob es sich um Abonnenten oder interessierte Besucher handelt. Um das Kanalbild zu ändern, müssen Sie sich zunächst als Kanalinhaber mit Ihrem Benutzernamen und Ihrem Passwort bei YouTube anmelden. Bei einer Mouse-over-Bewegung über das Kanalbild erscheint oben rechts ein Stift-Symbol, mit dem Sie dieses bearbeiten können.

Abb. 6.4 Kanalbild und Kanalsymbol von eprofessional

Für das Kanalbild gelten folgende Spezifikationen (Google b):

- Auflösung: 2560 × 1440 Pixel
- Dateiformat: JPG, GIF, BMP oder PNG
- Maximale Dateigröße: 2 MB

Etwas kleiner als das Kanalbild und dennoch genauso wichtig ist das Kanalsymbol. Das quadratische Bild wird links unten im Banner eines YouTube-Kanals angezeigt und ist auch bei organischen Videoaufrufen auf der Wiedergabeseite sichtbar.

Für das Kanalsymbol gelten folgende Spezifikationen (Google b):

- Auflösung: mindestens 98 × 98 Pixel, besser 800 × 800 Pixel
- Dateiformat: JPG, GIF, BMP oder PNG

Nutzer können Ihren YouTube-Kanal und seine Inhalte über verschiedene Endgeräte aufrufen. Prüfen Sie daher, wie Ihr Kanal bei verschiedenen Bildschirmauflösungen dargestellt wird. Eine entscheidende Rolle spielt hier der Sicherheitsbereich, in dem alle enthaltenen Informationen und grafischen Elemente, unabhängig von der Auflösung oder dem Endgerät, immer angezeigt werden. Welche sichtbaren Bereiche dies bei Ihrem aktuellen Kanalbild sind, können Sie mit dem von Google bereitgestellten „Channel Art Template" (Google c) prüfen (Abb. 6.5).

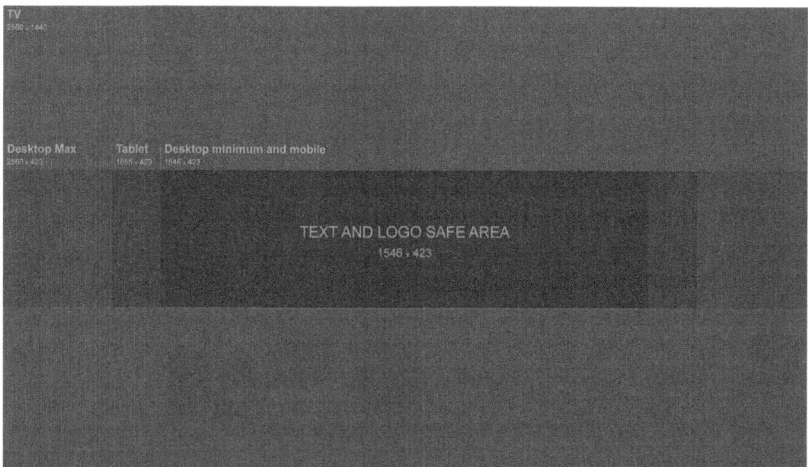

Abb. 6.5 Channel Art Template mit Abmessungen für verschiedene Endgeräte

6.6 YouTube-Kanal

▶ Auch wenn beim Kanalbild und beim Kanalsymbol das GIF-Dateiformat unterstützt wird, so ist es dennoch nur möglich, nicht animierte Bilder zu verwenden.

6.6.2 Kanalabschnitte und Playlists

Neben der grafischen Gestaltung eines YouTube-Kanals ist auch sein struktureller und organisatorischer Aufbau maßgeblich für seine Attraktivität verantwortlich. Wie für einen Online-Shop gilt auch für den YouTube-Kanal: Ohne eine geplante und kontinuierlich optimierte Struktur werden Inhalte nicht nur wenig ansprechend präsentiert, sondern im Ergebnis auch weniger angeschaut. Für einen Online-Shop drückt sich dies in entgangenen Umsätzen aus, auf YouTube bleiben potenzielle organische Video-Wiedergaben aus, die sich unter SEO-Aspekten positiv auf die Platzierung in den YouTube-Suchergebnissen auswirken. Eines haben beide Fälle gemeinsam: Marke und Produkte wurden jeweils negativ durch die Nutzer wahrgenommen.

Um verschiedenen YouTube-Inhalten eine optisch ansprechende Struktur zu verleihen, können Kanalabschnitte definiert werden. Diese erlauben es, ein oder mehrere Videos, Playlists oder verschiedene YouTube-Kanäle in einer von Ihnen definierten Art und Weise anzuordnen. Mit Kanalabschnitten werden thematische Schwerpunkte eines YouTube-Kanals hervorgehoben, die es den Nutzern erleichtern, zu den für sie interessanten Inhalten zu navigieren und diese zu konsumieren. Inhalte und Layout der Abschnitte können durch den Kanalinhaber individuell erstellt und neu angeordnet werden.

Playlists sind ein Bestandteil von Kanalabschnitten und werden auf der Startseite des YouTube-Kanals entweder in einer vertikalen oder einer horizontalen Videogalerie dargestellt, die jeweils maximal vier Videos unter- bzw. nebeneinander positioniert. Umfassen Playlists mehr Videos, können alle weiteren Videos über Navigationspfeile ausgewählt und wiedergegeben werden. Standardmäßig werden die Playlists „Uploads" und „Beliebte Videos" erstellt, die Sie in Ihrem Kanal einblenden können, aber nicht müssen. Neue und bestehende Playlists werden über den Playlist-Editor, den Sie im Video-Manager Ihres YouTube-Kanals finden, angelegt und editiert.

▶ Arrangieren Sie Ihre Videos in thematischen Kanalabschnitten und Playlists, um dem Nutzer Ihre inhaltlichen Schwerpunkte schnell visuell zu verdeutlichen. Dies hat für beide Seiten Vorteile: Zum einen können Sie so Videos, die für Ihre Branding- und Performance-Ziele einen hohen Stellenwert genießen, optisch hervorheben. Zum anderen erleichtern Playlists die Navigation zu thematisch passenden Videos und steigern somit erheblich die Nutzerfreundlichkeit.

6.6.3 Kanaltrailer

Entscheidend für einen guten ersten Eindruck bei den Kanalbesuchern ist neben einer durchdachten Struktur mit Playlists und Abschnitten vor allem der Kanaltrailer. Er entspricht einem Ihrer YouTube-Videos, das oben links aufmerksamkeitsstark in Szene gesetzt wird und nur für Nutzer sichtbar ist, die Ihren Kanal noch nicht abonniert haben. Der Trailer dient dazu, Ihren Kanal, seine inhaltlichen Schwerpunkte und klare Mehrwerte für potenzielle Abonnenten vorzustellen.

▶ Ein Kanaltrailer kann nur eingebunden werden, wenn für Ihren You-Tube-Kanal der Menüpunkt „Übersicht" verfügbar ist. Dieser kann jederzeit unter „Kanalnavigation bearbeiten" aktiviert und editiert werden.

6.6.4 Fallbeispiel: dm-drogerie markt

Ein Paradebeispiel für einen geglückten interaktiven YouTube-Auftritt ist der Kanal des Drogeriemarktes dm. Getreu dem Motto „Mitreden, mitmachen und informieren!" lädt dm Kunden und Interessierte dazu ein, den YouTube-Kanal aktiv mitzugestalten. Dabei sticht vor allem die Videoreihe „mitgefragt?" heraus. Nutzer können hier Fragen zu einem vorab definierten Thema im Kanal über die Kommentarfunktion einreichen, die dann von Experten beantwortet werden. Neben dem eigenen Content bietet der Kanal in der Anfang 2016 überarbeiteten Rubrik „Eure Videos" eine Plattform für User Generated Content, in der beispielsweise Styling- und Make-up-Tutorials der Nutzer verlinkt werden können. Hohe Nutzungszahlen machen deutlich, dass dieses Konzept bei der Zielgruppe ankommt. Wenn Sie sich selbst ein Bild vom Kanal machen wollen, so können Sie dies unter www.youtube.com/user/dmdeutschland (dm Deutschland auf YouTube) tun (Abb. 6.6).

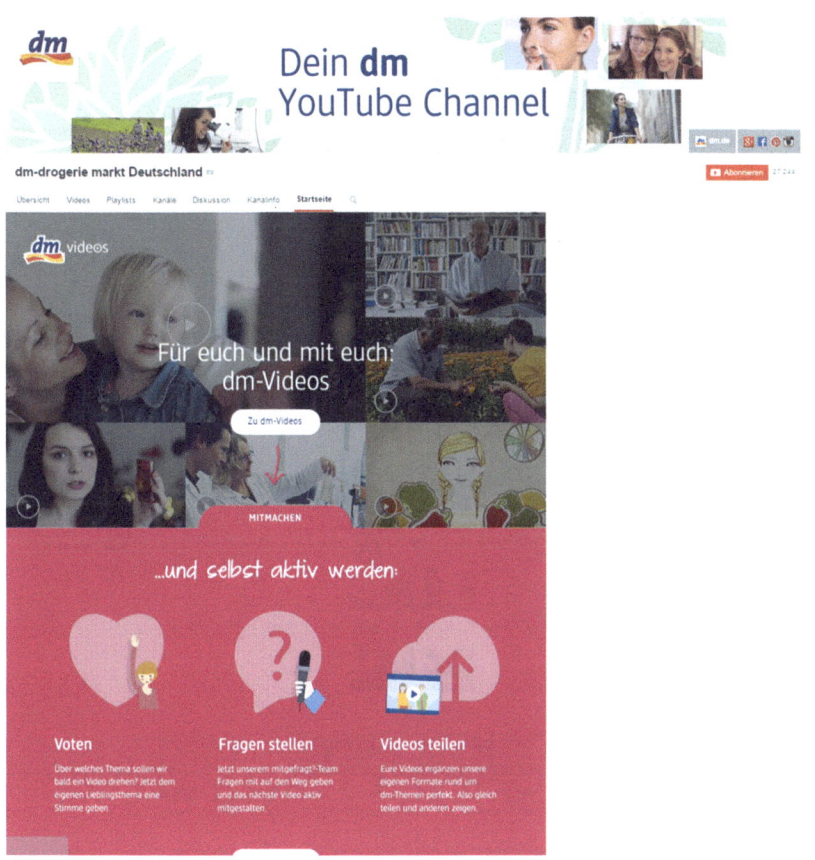

Abb. 6.6 Individueller Tab als Startseite im YouTube-Kanal von dm

6.6.5 Fallbeispiel: Kanzlei Wilde Beuger Solmecke (WBS)

Wenn es um Rechtsfragen zu tagesaktuellen Themen oder zum Medienrecht geht, ist der YouTube-Kanal der Kölner Kanzlei genau die richtige Anlaufstelle. Der Rechtsanwalt Christian Solmecke nimmt hier regelmäßig in kurzen Videobeiträgen Stellung zur aktuellen Rechtsprechung und erläutert dabei unter anderem, ob Werbung auf Geldscheinen zulässig oder wie viel Feuerwerk an Silvester erlaubt ist. Besonders hervorzuheben ist, wie hier mit vergleichsweise wenig Aufwand ein inhaltlich überzeugendes Videoportfolio aufgebaut wird. Die Werbefreiheit der Videos fördert zusätzlich die Glaubwürdigkeit und die Bereitschaft, sich mehrere Videos nacheinan-

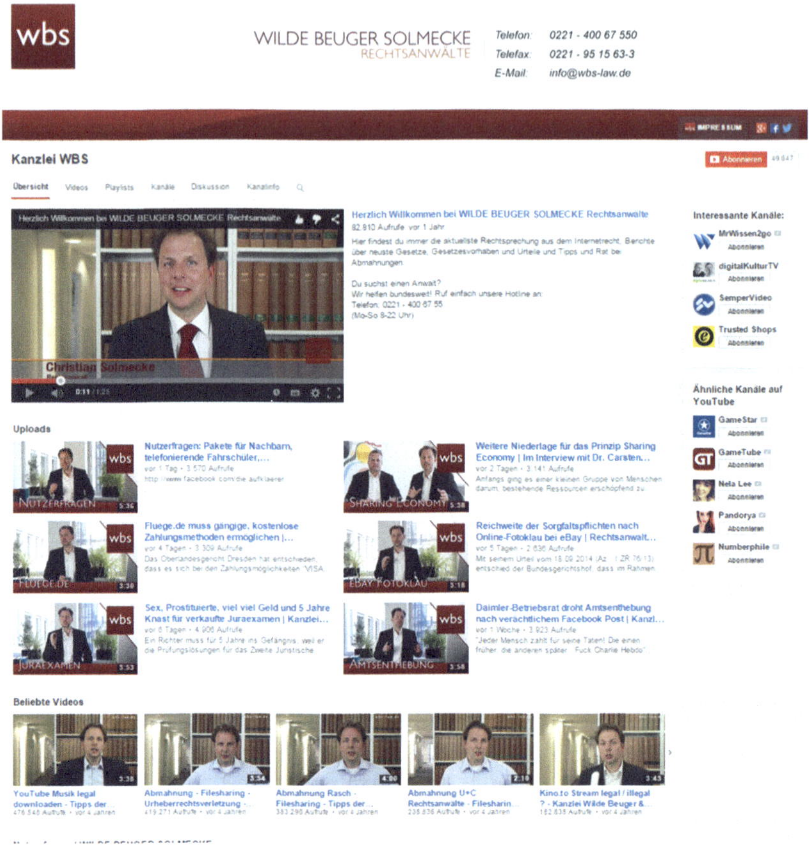

… 6 YouTube-Strategiemodell: mit ganzheitlichem Ansatz zum Erfolg

Abb. 6.7 YouTube-Kanal der Kanzlei WBS

der anzuschauen. Und das YouTube-Engagement der Kanzlei zahlt sich aus: Bis zum Oktober 2015 konnten mehr als 8000 Mandate über die Videoplattform akquiriert werden, die über eine ausschließlich im Abspann der Videos eingeblendete Telefonnummer gemessen wurden. Den YouTube-Kanal der Kanzlei finden Sie unter www.youtube.com/user/KanzleiWBS (Kanzlei WBS auf YouTube) (Abb. 6.7).

6.7 Kundensegmente

Entscheidend für den Erfolg Ihres YouTube-Marketings ist nicht nur, dass Sie Videoinhalte für bestimmte Nutzersegmente konzipieren und erstellen, sondern vor allem, dass sie auch von diesen als relevant wahrgenommen und konsumiert werden. Die zentrale Frage lautet hier: Werden mit Ihren Videos und der Art und Weise ihrer Aufbereitung auch tatsächlich die Nutzersegmente erreicht und aktiviert, mit denen Sie gegenwärtig oder zukünftig eine bessere Kundenbeziehung anstreben? In Abhängigkeit davon, ob Sie auf eine organische oder bezahlte Distribution Ihrer Videos setzen, ergeben sich verschiedene Möglichkeiten, um eine detaillierte Analyse der erreichten Alters- und Geschlechtersegmente durchzuführen.

6.7.1 Analyse der organischen Video-Distribution

Einen umfassenden Überblick darüber, welches Ihrer Videos bevorzugt von welchen Nutzersegmenten wiedergegeben wird, erhalten Sie in den YouTube Analytics. Verschiedene Berichte und Filterfunktionen, die Daten in Echtzeit und für frei definierbare Zeitintervalle bereitstellen, geben nicht nur Auskunft über die Qualität und Akzeptanz Ihrer Videoinhalte, sondern auch zahlreiche Ansatzpunkte, um zukünftige Videos zielgruppengerechter aufzubereiten. Aus der Vielzahl der Analysen stellen die Berichte sowohl zu Aufrufen, zur Demografie, zu den Zugriffsquellen und Geräten als auch zur Zuschauerbindung einen guten ersten Anlaufpunkt dar, um schnell die aktuelle Leistung einzelner oder mehrerer Videos im Zeitverlauf zu bewerten.

Aufrufe
Die primäre Kennzahl, um den Erfolg Ihrer Videos in einem bestimmten Zeitraum zu beurteilen, stellt die Anzahl der Aufrufe dar. Mit dem entsprechenden Bericht können Sie sich die Aufrufe je Video, Tag oder auch Land ausweisen lassen. Besonders aufschlussreich ist die durchschnittliche Wiedergabedauer pro Aufruf je Video. Die relative Kennzahl ermöglicht es, auch Videos über verschiedene Zeiträume und mit unterschiedlichen Aufrufzahlen hinsichtlich der Relevanz und Attraktivität für die Nutzer direkt zu vergleichen.

Demografie
Umfassende und aussagekräftige Daten zu einzelnen Geschlechter- und Alterssegmenten sind wichtige Indikatoren dafür, ob die für Sie relevanten Nutzersegmente auch tatsächlich Ihre Videoinhalte als attraktiv erachten und diese wiedergeben. Der Bericht zur Demografie kann auf einzelne Videos, Länder oder Zeiträume heruntergebrochen werden und gibt Ihnen in Kombination mit anderen YouTube Analytics-Berichten ein sehr gutes Bild darüber, wer Ihre Videos konsumiert.

Zugriffsquellen
Über welche Wege Nutzer auf Ihre YouTube-Videos aufmerksam geworden sind, wird detailliert im Bericht zu den Zugriffsquellen aufgeschlüsselt. Die verschiedenen

Quellen können dabei nicht nur anhand quantitativer Kriterien verglichen werden. Auch hier kann die durchschnittliche Wiedergabedauer als Metrik herangezogen werden, um Aussagen über die Qualität aller Zugriffsquellen zu erlauben. Der Bericht differenziert unter anderem in Aufrufe, die durch den eigenen YouTube-Kanal, die YouTube-Suche oder über eingebettete und verlinkte Videos initiiert wurden.

Geräte
Smartphones, Tablets und Computer: YouTube Analytics stellt für jedes Endgerät Daten über die Anzahl der Aufrufe, der Gesamtwiedergabezeit, die durchschnittliche Wiedergabedauer und die verwendeten Betriebssysteme bereit. Im Hinblick auf die Länge zukünftiger Videos lässt sich aus der Datenanalyse ableiten, welche Ihrer aktuellen Videos bevorzugt über mobile Endgeräte oder präferiert im heimischen Wohnzimmer über Computer angeschaut werden.

Zuschauerbindung
Marken und Produkte bleiben nachhaltig im Gedächtnis der Nutzer, wenn die zentrale Botschaft kreativ, interaktiv und authentisch kommuniziert wird. Ob Ihre Videos diese Eigenschaften besitzen, können Sie mit dem Bericht zur Zuschauerbindung prüfen. Im Ergebnis der qualitativen Analyse erfahren Sie, wie gut Ihre Videoinhalte im Vergleich zu eigenen und anderen ähnlich langen Videos die Nutzer während einer Wiedergabe binden konnten.

6.7.2 Analyse der bezahlten Video-Distribution

Ergänzend zu den Erkenntnissen aus den YouTube Analytics kann, sofern TrueView-Anzeigenformate für Ihre Videos geschaltet wurden, auch auf zusätzliche Daten aus dem Google AdWords-Konto zurückgegriffen werden. Bei einem vorausschauend aufgesetzten Kampagnen-Setup können Sie bereits nach wenigen Tagen erste Erkenntnisse für einzelne Alters- und Geschlechtersegmente ableiten und in die Optimierung Ihrer Videoanzeigen einfließen lassen. Unabhängig vom gewählten Kampagnen-Setup stellen die Klickrate, das Verhältnis aus Impressionen und Wiedergaben sowie die erzielten Aufrufe drei wichtige Kennzahlen für die Analyse der bezahlten Video-Distribution dar.

Klicks auf Elemente von TrueView-Anzeigenformaten
Nutzer interagieren nur mit Anzeigenelementen, wenn sie der Inhalt des beworbenen Videos auch interessiert. Aus Sicht der Werbungtreibenden bedeutet dies: Je höher die Klickrate ist, desto besser harmoniert der beworbene Videoinhalt mit

der definierten Zielgruppe. Die Anzahl der Klicks kann deutlich gesteigert werden, wenn Companion Banner, Call-to-Action-Overlay, Infokarten oder Anmerkungen eingebunden sind. Im Zeitverlauf betrachtet, stellt die Klickrate einen guten Indikator dafür dar, ob zunehmend ein Sättigungseffekt eintritt.

Verhältnis aus Impressionen und Wiedergaben je Nutzer
Nicht bei allen beworbenen Videos steht die Klickrate als Erfolgsgröße im Mittelpunkt. Vor allem bei Branding-Videos mit zumeist informierendem oder unterrichtendem Charakter wird ergänzend das Verhältnis aus Impressionen und Wiedergaben je Nutzer als ein Maßstab für die Erfolgsbewertung herangezogen. Liegt zum Beispiel die durchschnittliche Impressionshäufigkeit im definierten Zeitraum bei 5,5 Einblendungen je Nutzer, die durchschnittliche Wiedergabehäufigkeit aber nur bei 2, so besteht in der definierten Zielgruppe nur ein geringes Interesse an Ihrem Video. Ursächlich hierfür kann eine bereits zu lange Kampagnen-Laufzeit mit zu hoher Kontaktfrequenz oder bei jüngeren Kampagnen eine unpassend definierte Zielgruppe sein.

Erzielte Aufrufe
Wenn Nutzer eine TrueView-Anzeige gesehen haben, anschließend proaktiv Ihren YouTube-Kanal aufsuchen und dort noch mindestens ein weiteres Video anschauen, so wird diese Wiedergabe als erzielter Aufruf bezeichnet. Dieser hat zwei entscheidende Vorteile: Der erzielte Aufruf ist für Sie kostenlos und wirkt sich zudem positiv auf den Rankingwert Ihrer Videos aus. Zum anderen sind erzielte Aufrufe ein klares Zeichen dafür, dass Sie aus Nutzersicht interessante und relevante Videoinhalte in Ihrem YouTube-Kanal anbieten. Im Zusammenspiel mit der Klickrate und dem Verhältnis aus Impressionen und Wiedergaben können Sie auf zusätzliche Kennzahlen zurückgreifen, um den Erfolg in verschiedenen Alters- und Geschlechtersegmenten zu bewerten.

In den YouTube Analytics wird die absolute und relative Zuschauerbindung sowohl für organische als auch für bezahlte Video-Wiedergaben ausgewiesen. Dies erlaubt es, die eigenen Videos hinsichtlich der Attraktivität für Nutzer miteinander und mit anderen ähnlich langen Videos zu vergleichen.

6.8 Kostenstruktur

Eng verbunden mit dem YouTube-Marketing und einer angestrebten Professionalisierung sind verschiedene Kosten, die beim operativen und strategischen Umgang mit der Videoplattform berücksichtigt werden müssen. In Abhängigkeit von der Intensität, mit der Sie zeitliche, personelle und monetäre Ressourcen zur Erreichung Ihrer Branding- und Performance-Ziele einsetzen, variieren die damit verbundenen Gesamtkosten. Diese setzen sich grundsätzlich aus den Kosten für die Betreuung und Pflege Ihres YouTube-Kanals, der Produktion von Videoinhalten sowie der Kreation und Umsetzung von Anzeigenkampagnen zusammen.

6.8.1 Betreuung und Pflege des YouTube-Kanals

Mit einem wachsenden Videoportfolio steigt die Notwendigkeit, die bereitgestellten Bewegtbild-Inhalte in einem optisch ansprechenden und strukturierten YouTube-Kanal mit intuitiver Navigation zu präsentieren. Hierfür legen Sie mit einem guten Kanalmanagement das Fundament, um darauf aufbauend einen großen Beitrag für eine nachhaltig positive Marken- und Produktwahrnehmung zu leisten. Thumbnails, Tags, Videotitel und Beschreibungstexte stellen dabei nur einen zu berücksichtigenden Aspekt dar.

Häufig unterschätzt und vernachlässigt ist vor allem das vollständige Erfassen und Auswerten von Nutzerfeedback. Besonders im Rahmen einer Service-Strategie sollte es selbstverständlich sein, auf Hinweise, Anregungen und Kritik in den Kommentaren zu reagieren. Denn: Auch wenn viele Nutzer keine Kommentare verfassen, nehmen sie dennoch sehr aufmerksam wahr, wie ein Unternehmen mit ebendiesen umgeht. Ihre Rückmeldung hat unmittelbaren Einfluss auf die Sympathie und Wahrnehmung Ihrer Marke bei einer Vielzahl von Nutzern. Aus dem Nutzerfeedback können Sie wertvolle Erkenntnisse für zukünftige Videos ableiten und gleichzeitig in Erfahrung bringen, welche Fragestellungen mit hoher Frequenz zu einem Produkt gestellt werden. Das Aufgreifen dieser und weiterer Fragen ist ein guter Ausgangspunkt, um den Nutzern möglichst relevante Inhalte anzubieten.

▶ Wenn Sie Nutzerfragen in einem Video beantworten wollen, reicht meist ein kurzes und kompaktes Video aus, das nicht zwingend zeit- und kostenaufwendig produziert werden muss. Denn wie am Beispiel zahlreicher Content Creator gezeigt gilt für YouTube-Inhalte vor allem eines: Glaubwürdigkeit. Gute Indikatoren dafür, ob Ihre bisherigen Videoinhalte von den Nutzern als relevant erachtet werden, finden Sie in den Analytics Ihres YouTube-Kanals.

6.8.2 Konzeption und Umsetzung von Videokampagnen

Bei der Definition von Zielen für das Online-Marketing, einer strategischen Stoßrichtung, konkreten operativen Maßnahmen und deren Ausgestaltung wird zumeist zugunsten direkt messbarer Faktoren der Einfluss der beteiligten Personen als entscheidender Erfolgsfaktor vernachlässigt. Professionelles YouTube-Marketing umfasst jedoch auch die Berücksichtigung weicher Faktoren wie Kommunikation, Kooperation, Konfliktfähigkeit und Engagement aller Involvierten. Vor diesem Hintergrund ist es für Unternehmen unerlässlich, mindestens eine verantwortliche Person vorweisen zu können, die die Videokampagnen selbst konzipiert, umsetzt und steuert oder einen externen Dienstleister mit diesen Aufgaben betraut. Neben der fachlichen ist dabei vor allem die soziale Kompetenz von großer Bedeutung. Beide stellen die Grundlage für einen gemeinsamen und harmonischen Lernprozess dar, bei dem nach jeder Anzeigenschaltung Erkenntnisse und bewährte Vorgehensweisen im Hinblick auf die Videogestaltung und das Kampagnen-Setup besprochen und festgehalten werden. Hierzu gehört, abseits bekannter und gängiger Anzeigenstrategien, neue Funktionen zu testen und eine kontinuierliche Verzahnung mit anderen Online-Marketing-Disziplinen voranzutreiben.

6.9 Einnahmequellen

Für alle Werbungtreibenden, die Performance-Kampagnen auf YouTube schalten, ist vor allem eines entscheidend: Rechtfertigt der erzielte Ertrag das investierte Budget? Je nach Geschäftsmodell, das jeweils sehr individuelle Anforderungen an TrueView-Kampagnen stellt, werden sehr unterschiedliche Kennzahlen zur Definition und Erfolgskontrolle herangezogen. Anhand von drei kurzen in der Praxis angewandten Modellen möchte ich Ihnen zeigen, welche verschiedenen und zumeist monetären Ziele Sie mit Videoanzeigen auf YouTube effizient erreichen können.

6.9.1 Sales

Sales, CPO, KUR: Diese Begriffe sind für Werbungtreibende, die auf TrueView-Kampagnen setzen, keine Fremdwörter. Denn YouTube ist nicht nur dazu da, um klassische Branding-Ziele zu erreichen. Einzige Voraussetzung für Performance-Kampagnen auf der Videoplattform: YouTube-Werbemittel und ihre Sichtkontakte müssen aufgrund ihrer primären Rolle als Influencer im Kontext der Customer Journey verstanden und ihr Beitrag für den Kaufentscheidungsprozess der Konsumenten ganzheitlich erfasst werden. Mit den TrueView InStream- und den Shoppable TrueView-Anzeigen stehen Ihnen zwei Push-Formate zur Verfügung, die in Kombination mit qualitativ hochwertigen Remarketing-Listen Ihre Ziele im Online-Marketing erfolgreich unterstützen können.

6.9.2 Click In-/Click Out-Vergütung

Dieses Modell ist vor allem für Vergleichsportale interessant, die zu Angeboten auf Webseiten verschiedener Partner weiterleiten. Die Herausforderung für den Werbungtreibenden besteht darin, dass die von YouTube initiierten Klicks auf das Portal und die Partnerseiten in einem wirtschaftlich rentablen Verhältnis stehen. Dieses ist gegeben, wenn die Vergütung eines Klicks durch die Partnerseite die Kosten für den eingekauften Klick auf die Partnerseite übersteigt. Ein Beispiel soll dies verdeutlichen: Die Vergütung durch die Partnerseite beträgt 0,15 EUR, die Kosten für den eingekauften Klick belaufen sich auf 0,10 EUR. Im Ergebnis verbleiben 0,05 EUR, die als Vergütung herangezogen werden. Entscheidend ist hier, Sichtkontakte, die ebenfalls zu zeitlich verzögerten Klicks führen, in der Erfolgsmessung zu berücksichtigen. Die bloße Verlängerung von TV-Spots auf YouTube kann für dieses Modell zielführend sein, ist jedoch nicht zu empfehlen. Besser sind individuelle und auf die Anforderungen der Videoplattform zugeschnittene Inhalte, die die angestrebten Ziele effizient unterstützen.

6.9.3 Wiedergabedauer

Je weiter ein Nutzer ein beworbenes Tutorial-Video schaut, desto höher fällt die Vergütung für den Werbungtreibenden aus. Das Modell stellt eine Kombination aus Branding und Performance dar, bei der die prozentuale Wiedergabedauer als Erfolgskennzahl herangezogen wird. Die Herausforderung im operativen Kampagnen-Management besteht darin, Nutzersegmente zu identifizieren und zu erreichen, die sich für die beworbenen Tutorial-Videos einer Marke interessieren. Je nach Ausprägung der Rahmenbedingungen des Modells können diese Nutzer anschließend gezielt mit zum Tutorial passenden Produkten über Suchmaschinen-, Banner- und YouTube-Anzeigen erneut angesprochen werden. Das Modell eignet sich für alle Unternehmen, die Nutzer im Rahmen einer Service-Strategie bei ihrer Lösungsfindung unterstützen wollen.

▶ Für alle Werbemaßnahmen auf YouTube gilt: Gestalten Sie Ihre Videos interaktiv. Nutzen Sie für Ihre Ziele die vielfältigen Möglichkeiten, die Ihnen Infokarten, Anmerkungen, Call-to-Action-Overlay und bei True-View InStream-Anzeigen auch das Companion Banner bieten. Diese Möglichkeiten stellen einen Hebel für bessere Kampagnen-Ergebnisse dar und die kommunizierten Botschaften bleiben bei harmonischer Integration in positiver Erinnerung beim Nutzer.

▶ Neben den vorgestellten Einsatzmöglichkeiten von TrueView-Anzeigeformaten und den verschiedenen Erfolgskennzahlen und Ansätzen, um diese zu vergüten, sind noch weitere Anwendungsfelder möglich. Obwohl es sehr unterschiedliche Voraussetzungen je Branche, Unternehmen und den zugrunde liegenden Geschäftsmodellen gibt, sollen Ihnen die vorgestellten Beispiele jedoch als Ausgangspunkt und Denkanstoß dienen. Darauf aufbauend können Sie ein individuelles und auf Ihre konkreten Anforderungen zugeschnittenes Kampagnen-Setup entwickeln und zielführend anhand von vorab definierten Kennzahlen regelmäßig bewerten und optimieren.

6.10 Fazit

Der Einstieg und die Professionalisierung des YouTube-Marketings sind weder operativ noch strategisch ein Selbstläufer. Die Vielzahl von Faktoren und deren Wechselwirkungen untereinander sind vor allem unter zeitlichen, personellen und finanziellen Aspekten zu betrachten. Das vorgestellte Modell und seine neun Elemente stellen ein Fundament dar, auf dem Sie strukturiert und zielführend eine eigene und auf Ihr Unternehmen, Ihre Marken oder Ihre Produkte zugeschnittene Strategie definieren und optimieren können. Wie bei anderen Online-Marketing-Disziplinen gilt auch hier: Das YouTube-Marketing darf niemals isoliert betrachtet werden und muss harmonisch mit anderen On- und Offline-Werbemaßnahmen die übergeordneten Ziele unterstützen.

Die vorgestellten Fallbeispiele machen deutlich, dass die YouTube-Kanäle von dm und WBS mit einer vorab definierten und konsistenten Strategie monatlich hohe Aufruf- und Abonnentenzahlen vorweisen können. Sie zeigen mit ihren gewählten thematischen Schwerpunkten auf, welchen Erfolg informative und gut aufbereitete Videobeiträge haben. Der wichtigste Erfolgsfaktor ist die konsequente Orientierung an den Bedürfnissen und Herausforderungen der jeweiligen Zielgruppe, die ihr Engagement zu schätzen weiß und mit hohen Durchsehraten, vielen positiven Kommentaren und Bewertungen honoriert. Die Art und Weise, wie dm und WBS nutzerrelevante Inhalte aufbereiten und diese in einer optisch ansprechenden Kanalstruktur präsentieren, stellt einen guten Ausgangspunkt dar, um auf dieser Basis eigene Ideen für einen erfolgreichen Produkt- oder Markenauftritt auf YouTube zu entwickeln.

Literatur

dm Deutschland auf YouTube: https://www.youtube.com/user/dmdeutschland. Zugegriffen: 5. Jan. 2016.
Google a: The YouTube Creator Playbook for Brands. https://think.storage.googleapis.com/docs/creator-playbook-for-brands_research-studies.pdf. Zugegriffen: 5. Jan. 2016.
Google b: Kurzspezifikationen. https://support.google.com/youtube/answer/2976827?hl=de. Zugegriffen 5. Jan. 2016.
Google c: https://storage.googleapis.com/support-kms-prod/723CF6954B9CC9B50AD58-BCC2F5F14825FF4. Zugegriffen: 5. Jan. 2016.
Kanzlei WBS auf YouTube: www.youtube.com/user/KanzleiWBS. Zugegriffen: 5. Jan. 2016.
McKinsey. 2009. Managing beyond Web 2.0. http://www.mckinsey.com/insights/business_technology/managing_beyond_web_20. Zugegriffen: 5. Jan. 2016.
Volvo auf YouTube: https://www.youtube.com/watch?v=M7FIvfx5J10. Zugegriffen: 5. Jan. 2016.

7 Klassik trifft digital: Reichweitenoptimierung durch Verlängerung von TV-Spots auf YouTube

Zusammenfassung
Die Reichweiten und Einschaltquoten von klassischen TV-Programmen haben in den letzten Jahren abgenommen, YouTube als führende Videoplattform hingegen kann weltweit steigende Nutzerzahlen und Wiedergabedauern vorweisen. Trotz dieser Entwicklung wird die Videoplattform das nach wie vor etablierte Medium Fernsehen auch in den nächsten Jahren nicht ablösen – ein fester Platz bei der Konzeption und Umsetzung von Reichweitenkampagnen mit Bewegtbild-Inhalten ist jedoch nicht von der Hand zu weisen. Welche Aspekte dafürsprechen und was es bei einer intelligenten Mediaplanung zu beachten gibt, ist Gegenstand dieses Kapitels.

7.1 Brand Lift Survey: Marktforschung auf YouTube

Views, Impressionen, Klicks, CPV, TKP und CTR: Das Angebot an Kennzahlen zur Erfolgsbewertung von Reichweitenkampagnen auf YouTube ist zahlreich. Die harten Kennzahlen sind dabei ein guter erster Indikator, um Ihre TrueView-Videokampagnen unter ökonomischen Aspekten zu vergleichen und zu beurteilen. Ebenfalls entscheidend und dennoch häufig nicht erfasst, sind neben den verschiedenen harten auch die weichen Erfolgskennzahlen. Sie geben Auskunft darüber, ob Ihr mit TrueView-Anzeigenformaten beworbenes Video Ihre Botschaft und Ihre Marke nachhaltig im Gedächtnis der Nutzer verankern konnte. Google stellt hierfür mit der Brand Lift Survey ein mächtiges Instrument zur Verfügung, das die Messung von weichen Kennzahlen ermöglicht und so eine ganzheitliche Bewertungsgrundlage schafft.

7.1.1 Voraussetzungen

Um auf eine Brand Lift Survey zurückgreifen zu können, müssen Sie zunächst die Videokampagnen in Ihrem Google AdWords-Konto erstellen. Beachten Sie dabei, dass die Survey nur mit TrueView InStream-Anzeigen kompatibel und somit im Rahmen einer Push-Strategie für alle Reichweitenziele gedacht ist. Ebenfalls dürfen die Videokampagnen noch keine Impressionen aufweisen. Dies bedeutet, dass sie keine bereits laufenden Kampagnen mit einer Survey kombinieren können. Die Brand Lift Survey kann derzeit nur durch Ihren Google-Ansprechpartner eingerichtet werden und erfordert ein Mindestbudget von 900 EUR je Tag für ca. eine Woche. Das geforderte Tagesbudget muss dabei nicht auf eine einzelne Kampagne entfallen. Wenn Sie mehrere TrueView InStream-Kampagnen nutzen wollen, dann muss die Summe der eingesetzten Tagesbudgets je Kampagne mindestens 900 EUR entsprechen. Für die Einrichtung der Survey müssen Sie Ihrem Google-Ansprechpartner drei Fragen beantworten:

1. Welche TrueView InStream-Kampagnen in welchem Google AdWords-Konto (Kontoname und Kontonummer) sollen mit der Survey verknüpft werden?
2. Welche drei Konkurrenten sollen ergänzend neben Ihrer eigenen Marke in der Brand Lift Survey abgefragt werden?
3. Sollen in der Survey Anzeigenerinnerung und Markenbekanntheit kombiniert oder nur eine der beiden weichen Erfolgskennzahlen erfasst werden?

▶ Lassen Sie immer Anzeigenerinnerung und Markenbekanntheit abfragen, wenn die Voraussetzungen für eine Brand Lift Survey erfüllt sind. Damit können Sie auf zwei weiche Kennzahlen zurückgreifen, die den Vergleich und die Bewertung von verschiedenen TrueView InStream-Kampagnen mit wertvollen Erkenntnissen anreichern.

▶ Grundsätzlich können Sie eine beliebige Anzahl von TrueView InStream-Kampagnen mit einer Brand Lift Survey verknüpfen lassen. In der Praxis hat sich jedoch gezeigt, dass mit zunehmender Kampagnenanzahl auch die Wahrscheinlichkeit steigt, dass keine auswertbaren Ergebnisse auflaufen. Berücksichtigen Sie für Ihre Brand Lift Survey maximal drei verschiedene Kampagnen. Wenn Sie zum Beispiel zwei neue TrueView InStream-Kampagnen erstellt haben und über genügend Mediabudget verfügen, dann sollten Sie jede der beiden Kampagnen mit je einer Survey verknüpfen. Durch diese Maßnahme können Sie die Ergebnisse für Anzeigenerinnerung und Markenbekanntheit für einzelne Zielgruppen erfassen, vergleichen und wertvolle Erkenntnisse für zukünftige Videokampagnen auf YouTube ableiten.

7.1.2 Funktionsweise

Um den Einfluss Ihrer TrueView InStream-Anzeigen auf weiche Erfolgsfaktoren zu ermitteln, wird Ihre anhand von verschiedenen Kriterien definierte Zielgruppe in zwei Gruppen aufgeteilt. Obwohl beide Gruppen Nutzer mit den gleichen Alters- und Geschlechtersegmenten, Interessen- und Themenkategorien umfassen, gibt es dennoch einen bedeutenden Unterschied: Während Nutzern der exponierten Gruppe Ihr beworbenes Video als TrueView InStream-Anzeige vor dem eigentlich ausgewählten Video eingeblendet wird, sind Nutzer in der Kontrollgruppe von Ihrer Anzeigenschaltung ausgeschlossen. Die Einteilung zu einer Gruppe erfolgt per Cookie, der pro Nutzer durch ein Zufallsverfahren für möglichst valide Ergebnisse vergeben wird.

Kontroll- und exponierter Gruppe wird anschließend ab dem zweiten Tag der Videobewerbung eine Umfrage eingeblendet, die statt einer TrueView InStream-Anzeige zu sehen ist. Dabei wird durch den Survey-Algorithmus sichergestellt, dass die Nutzer beider Gruppen nicht nach einem fix terminierten Schema befragt werden, sondern in unterschiedlichen zeitlichen Abständen. Ein Beispiel soll das Vorgehen im Sinne der statistischen Signifikanz verdeutlichen: Wenn zwei Nutzer am selben Tag und zur selben Uhrzeit eine TrueView InStream-Anzeige komplett angeschaut haben, dann kann einem Nutzer die Umfrage bereits am nächsten Tag, dem anderen erst nach mehreren Tagen angezeigt werden. Die Umfrage zur Anzeigenerinnerung und zur Markenbekanntheit umfasst jeweils fünf Antwortmöglichkeiten, bei denen Mehrfachantworten erlaubt sind. Jedem Nutzer in der exponierten Gruppe wird die Umfrage dabei maximal einmal eingeblendet, um eine möglichst große Stichprobe zu gewährleisten. Die Anzeigenerinnerung wird mit der vordefinierten Formulierung „Für welche der folgenden Marken/Anbieter haben Sie in der letzten Zeit Online-Videowerbung gesehen?", die Markenbekanntheit mit „Von welcher der Marken/Anbieter haben Sie gehört?" abgefragt.

7.1.3 Ergebnisse

Nach rund einer Woche liegt Ihnen die Auswertung der Brand Lift Survey vor, die Ihnen durch Ihren Google-Ansprechpartner zur Verfügung gestellt wird. Wenn der Kampagnenzeitraum für Ihre TrueView InStream-Anzeigen größer als eine Woche ist, können Sie die detaillierten Ergebnisse direkt zur Optimierung Ihrer laufenden Kampagnen heranziehen. Neben den harten können Sie so auch auf weiche Erfolgskennzahlen zurückgreifen, um Ihre Videokampagnen im Hinblick auf Ihre Ziele möglichst effizient zu optimieren und auszusteuern. Die mehrseitige Auswertung der Brand Lift Survey umfasst unter anderem ein Management-Dashboard, das die wichtigsten Ergebnisse für Anzeigenerinnerung und Markenbekanntheit auf einen Blick darstellt (Abb. 7.1).

Abb. 7.1 Management-Dashboard der Brand Lift Survey

Ergänzend zum Management-Dashboard erhalten Sie durch die Brand Lift Survey auch Ergebnisse für einzelne Alters- und Geschlechtersegmente sowie für die Häufigkeit der Anzeigeneinblendungen, mit denen Sie Ihre definierte Zielgruppe erreicht haben. Daneben ist besonders das Verhältnis aus übersprungenen und wiedergegebenen Werbeeinblendungen sowie deren Einfluss auf die weichen Erfolgskennzahlen hervorzuheben. Es stellt einen guten Indikator dar, der Auskunft darüber gibt, ob Ihr beworbenes Video eine Produkt- oder Markenbotschaft bereits in den ersten fünf Sekunden im Gedächtnis der Nutzer verankern konnte. Besteht zwischen Nutzern, die Ihr Video übersprungen haben, und Nutzern, die es wiedergegeben haben, quantitativ eine große Lücke, so konnten Ihre kostenlosen Anzeigen-Impressionen keinen nachhaltigen Erinnerungseffekt bei den Nutzern erzielen. In diesem Fall erhalten Sie einen wichtigen Anhaltspunkt, um Ihre zukünftigen Videos hinsichtlich des inhaltlichen und zeitlichen Aufbaus sowie der Art und Weise, mit der Sie eine Botschaft kommunizieren, für eine Anzeigenschaltung zu optimieren. Auch für die Brand Lift Survey gilt: Eine YouTube-Anzeige gilt als nicht übersprungen, wenn ein Nutzer mindestens 30 Sekunden der TrueView InStream-Anzeige wiedergegeben hat oder die gesamte Videoanzeige, wenn diese kürzer ist (Abb. 7.2).

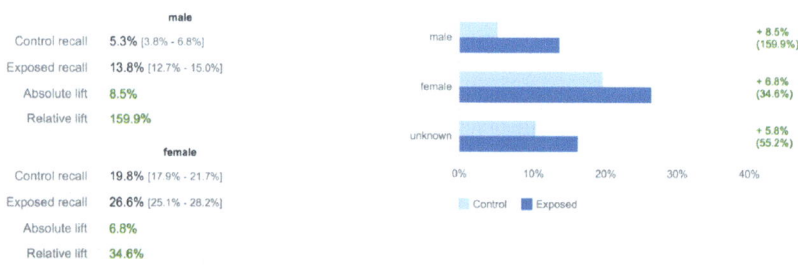

Abb. 7.2 Detaillierte Ergebnisse für einzelne Geschlechtersegmente

7.2 Brand Interest Survey

▶ Es kann vorkommen, dass nicht alle Aspekte der Brand Lift Survey ausgewertet werden können. Dies ist immer dann der Fall, wenn die jeweilige Stichprobe zu klein ist und sich daraus keine validen Ergebnisse ableiten lassen. Der Hauptgrund sind häufig zu große Schwankungen beim tatsächlich eingesetzten Tagesbudget, die aus dem gewählten Kampagnen-Setup und manuellen Anpassungen während der Laufzeit resultieren. Gehen Sie daher bereits bei der Kampagnen-Planung mit Bedacht vor. Stellen Sie schon zu diesem Zeitpunkt sicher, dass die definierte Zielgruppe im Hinblick auf das erforderliche Mindestbudget für die Survey groß genug ist, um eine ausreichende und auswertbare Datenbasis zu erhalten.

▶ Um die Wahrscheinlichkeit für statistisch relevante Ergebnisse zu erhöhen, sollten Sie Ihr Frequency Capping auf durchschnittlich zwei Werbemittelkontakte je Nutzer je Woche festlegen. Durch diese Maßnahme stellen Sie grundsätzlich sicher, dass eine möglichst große Anzahl von Nutzern Ihr beworbenes Video sieht und anschließend die Umfrage angezeigt bekommt.
Ein zu hohes Frequency Capping sorgt dafür, dass Sie mit Ihrem eingesetzten Mediabudget zu oft die gleichen und damit auch die Nutzer erreichen, die bereits an der Umfrage teilgenommen haben. Diesen wird gegebenenfalls erneut die TrueView InStream-Anzeige eingeblendet, jedoch nicht die Fragestellungen zur Anzeigenerinnerung und Markenbekanntheit. Sobald für die Brand Lift Survey nach ca. einer Woche genügend Daten für eine Auswertung zur Verfügung stehen, können Sie das Frequency Capping nach Belieben anpassen und so den Werbedruck für die gesamte Zielgruppe oder einzelne Segmente erhöhen.

7.2 Brand Interest Survey: Abstrahleffekte von TrueView InStream-Anzeigen auf die Google-Suche erfassen

Das Ziel einer jeden Reichweitenkampagne auf YouTube ist es, eine bestimmte Werbebotschaft nachhaltig bei den Nutzern zu etablieren. Mit der Anzeigenerinnerung und der Markenbekanntheit der Brand Lift Survey kann auf zwei weiche Erfolgskennzahlen zurückgegriffen werden, die Sie für eine umfassendere Beurteilung Ihrer TrueView-Anzeigen heranziehen können. Um das Bild Ihrer Reichweitenkampagnen und deren Wirkung in den relevanten Zielgruppensegmenten noch mehr zu schärfen, stellt Google mit der Brand Interest Survey ein weiteres Instrument für eine ganzheitlichere Erfolgsbewertung von TrueView-Kampagnen anhand zusätzlicher weicher Kennzahlen zur Verfügung.

7.2.1 Voraussetzungen

Analog zur Brand Lift Survey benötigen Sie für eine Brand Interest Survey Videokampagnen, die in Ihrem Google AdWords-Konto erstellt wurden. Hier gilt ebenfalls, dass nur Kampagnen, die noch keine Impressionen aufweisen und ausschließlich TrueView InStream-Anzeigen umfassen, mit der Survey verknüpft werden können. Für die Einrichtung der Survey ist Ihr Google-Ansprechpartner sowie ein Mindestbudget von 900 EUR je Tag für ca. eine Woche notwendig. Ihnen steht es dabei frei, mehrere Videokampagnen mit der Survey zu verknüpfen. Entscheidend ist auch hier, dass Sie über den erforderlichen Zeitraum das tägliche Mindestbudget ausgeben. Um eine Brand Interest Survey einzurichten, benötigt Ihr Google-Ansprechpartner zwei Informationen von Ihnen:

1. Welche TrueView InStream-Kampagnen in welchem Google AdWords-Konto (Kontoname und Kontonummer) sollen mit der Survey verknüpft werden?
2. Für welche produkt- und anzeigebezogenen Begriffe soll der Einfluss der TrueView InStream-Anzeigen auf das Google-Suchvolumen erfasst werden?

▶ Berücksichtigen Sie bei den Begriffen auch immer Singular- und Pluralformen sowie Synonyme und Falschschreibweisen, um den Kern Ihrer Werbebotschaft abzudecken. Für die Brand Interest Survey können derzeit insgesamt nur je vier produkt- und anzeigebezogene Begriffe in der Buchungsoption „weitgehend passend" genutzt werden.
Um aussagekräftige Ergebnisse zu erhalten, hat es sich in der Praxis bewährt, maximal drei Videokampagnen mit der Survey zu verknüpfen. Grundsätzlich kann eine größere Kampagnenanzahl mit einer Survey kombiniert werden. Jedoch ist dies nicht ratsam und durch ein effizientes Kampagnen-Setup, das mit vergleichsweise wenig manuellem Aufwand gesteuert und optimiert werden kann, auch nicht erforderlich.

7.2.2 Funktionsweise

Im Mittelpunkt der Brand Interest Survey steht die Frage: Welchen Einfluss haben TrueView InStream-Anzeigen auf das Nutzerinteresse an einer konkreten Marke oder an einem bestimmten Produkt? Um die Fragestellung zu beantworten, wird die von Ihnen definierte Zielgruppe per Zufallsprinzip in eine exponierte und eine Kontrollgruppe eingeteilt. Für beide Gruppen werden die Suchanfragen für vorab

7.2 Brand Interest Survey

von Ihnen definierte Begriffe in der Google-Suche erfasst. Der Unterschied im Suchverhalten zwischen beiden Gruppen zeigt dabei die Wirkung Ihrer TrueView InStream-Anzeigen und in welchem Umfang diese Nutzer dazu animieren konnten, nach genau Ihrer Marke oder Ihren Produkten zu suchen. Abweichend zur Brand Lift Survey wird den Nutzern in der exponierten und der Kontrollgruppe keine Umfrage eingeblendet. Entscheidend für die Brand Interest Survey ist nur, wie sich das Suchverhalten von Nutzern mit und ohne Einblendung einer TrueView InStream-Anzeige im Vergleich verhält.

7.2.3 Ergebnisse

Nach ca. sieben bis zehn Tagen erhalten Sie die ausgewerteten und aufbereiteten Daten der Brand Interest Survey von Ihrem Google-Ansprechpartner. Die Ergebnisse werden Ihnen zum einen kompakt als Management-Dashboard, das einen guten Überblick über die Gesamtergebnisse bietet, und zum anderen für einzelne Städte, TrueView InStream-Kampagnen und den Einfluss der Kontakthäufigkeit auf das Suchverhalten ausgegeben. Besonders hervorzuheben ist das Verhältnis aus übersprungenen und wiedergegebenen Werbeeinblendungen und dem jeweiligen Effekt auf die Suchanfragen. Aus diesen Metriken kann abgeleitet werden, ob den erreichten Nutzern bereits in den ersten Sekunden des beworbenen Videos klar geworden ist, worum es geht und ob dies mit der gewählten Art der Aufbereitung auch in Erinnerung geblieben ist (Abb. 7.3).

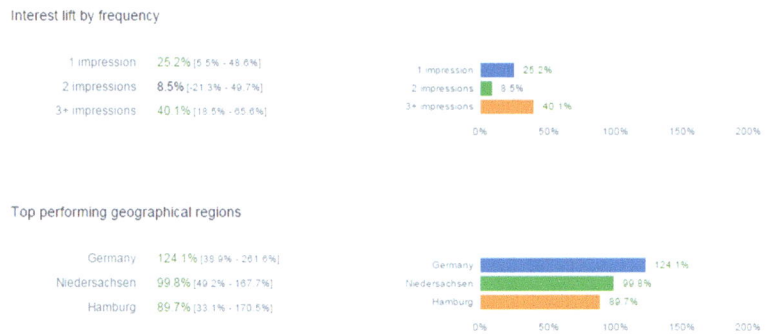

Abb. 7.3 Brand Interest-Ergebnisse nach Kontakthäufigkeit und für einzelne Bundesländer

7.3 Weiche Faktoren: Online-Video und TV-Werbung

Den unverzichtbaren Stellenwert von Online-Videos in der Mediaplanung von Bewegtbild-Kampagnen unterstreicht auch Wesley R. Hartman. Der Professor an der Stanford University verglich im Oktober 2014 mit seinen Kolleginnen Michaela Draganska, Professorin an der Drexel University, und Gena Stanglein, Advertising Research Manager bei Google, anhand von 20 crossmedialen Bewegtbild-Kampagnen, die sich über verschiedene Branchen erstreckten, den Einfluss von TV- und YouTube-Videowerbung auf die Markenbekanntheit. Sie kommen zu dem Ergebnis, dass heute beim Erhalt und Ausbau von Markenbekanntheit keine Unterschiede mehr zwischen Bewegtbildwerbung im TV und auf YouTube existieren (Stanford Business 2014).

Ein Beleg dafür ist, dass sich die Videoplattform seit der Gründung 2005 durch eine zunehmende Qualität der Inhalte und einer daraus resultierenden allgemeinen Akzeptanz bei den Nutzern nicht nur unter Reichweiten-Aspekten zu einem unverzichtbaren Element in der Mediaplanung von Bewegtbild-Kampagnen entwickelt hat. Hartmann unterstreicht diesen Stellenwert von YouTube und fordert Entscheider zu einem Umdenken auf: „If you are evaluating brand advertising and have a preconceived notion that television is better, you need to rethink that" (Stanford Business 2014). Denn: Wer heute Videoportale in seiner Mediaplanung für Reichweiten-Kampagnen nicht berücksichtigt, der wird morgen nicht mehr gesehen – vor allem nicht von den jüngeren Zielgruppen, die den Konsum von Online-Videos dem klassischen TV vorziehen.

Die Kennzahlen, um Bewegtbild-Kampagnen im TV und auf YouTube zu vergleichen, sind vorhanden. Neben harten Erfolgskriterien wie dem TKP und der Netto- oder Bruttoreichweite stehen mit der Anzeigenerinnerung und der Markenbekanntheit bei YouTube auch weiche Kennzahlen zur Verfügung, um einen ganzheitlichen Vergleich zu ermöglichen. YouTube geht hier gegenüber dem TV noch einen Schritt weiter: Aus dem Verhältnis zwischen Videoeinblendungen und tatsächlichen Wiedergaben sowie aus der durchschnittlichen Wiedergabedauer im Zeitverlauf lässt sich erkennen, ob einzelne Segmente in der Zielgruppe bereits zu oft frequentiert wurden. Hieraus lassen sich Ansatzpunkte erarbeiten, um den geplanten Werbedruck im Sinne einer nachhaltig positiven Markenwahrnehmung umzuverteilen.

7.4 Meilenstein: Fernsehforschung berücksichtigt YouTube bei Reichweitenangaben

Die Mediennutzung hat sich in den letzten Jahren grundlegend gewandelt und mit ihr auch die Rolle des klassischen Fernsehens, das heute nur noch einen Bildschirm unter vielen darstellt. Beliebt wie nie sind heute vor allem Online-Videos, die den TV-Konsum nicht nur zur Primetime, sondern jederzeit und überall durch mobile

Endgeräte ergänzen und teilweise auch schon ersetzen. Dabei kann nicht mehr von einem Hype gesprochen werden. Schon seit über zehn Jahren geht der Trend steil nach oben. Ein erster Meilenstein wurde bereits 2005 gesetzt, als die Wiedergabe von Online-Videos das Abspielen von Audioinhalten überflügelte. Online-Videos kommen dem Wunsch der Nutzer nach einem non-linearen Medienkonsum nach und bieten Flexibilität, Unabhängigkeit und Interaktivität. Kurz gesagt: Vor allem die jüngeren Nutzer wollen selbst entscheiden, welche Bewegtbild-Inhalte sie wann und wo konsumieren (DigiBuzz 2015).

Vor diesem Hintergrund ist die Entscheidung der Arbeitsgemeinschaft Fernsehforschung (AGF) vom April 2015, zukünftig Reichweitenangaben unter Berücksichtigung von YouTube und anderen Video-Plattformen auszuweisen, ein Schritt, der überfällig war. Unter Reichweitenaspekten hat sich YouTube in den zehn Jahren seit der Gründung 2005 zu einem Schwergewicht entwickelt. YouTube kann, gemessen an der Bruttoreichweite, schon länger mit klassischen TV-Sendern konkurrieren. Die Plattform lag bereits 2012 im direkten Vergleich vor ProSieben, VOX, RTL II und Kabel 1 (AGF GfK 2012). Heute kann YouTube durch seine vielfältigen Videoinhalte eine riesige Zielgruppen-Palette und ein einmaliges Potenzial für verknüpfte Konzepte vorweisen. Grund genug also, um YouTube bei Bewegtbildkampagnen stärker zu berücksichtigen. Denn hier entstehen für alle Beteiligten Vorteile: Werbungtreibende erhalten transparente und vergleichbare Kennzahlen für beide Medien, die im Hinblick auf ihre Zielstellungen eine effizientere Budgetallokation erlauben. Sie werden damit in die Lage versetzt, neue medien- und geräteübergreifende Konzepte umzusetzen und YouTube harmonisch in ihren Online-Marketing- und Kommunikations-Mix zu integrieren. Gleichermaßen profitieren auch die YouTuber von der Standardisierung. Ihre Inhalte haben nicht nur an Quantität gewonnen, sondern auch im Hinblick auf die Qualität der Produktion und der Aufbereitung des Contents. Hier kann sich das Fernsehen sogar noch etwas abschauen, denn prominente YouTuber wie ApeCrime, PietSmiet oder LeFloid haben für die werberelevante Zielgruppe der 14- bis 49-Jährigen mit ihren Videos nicht nur regelmäßig größere Reichweiten als Fernsehformate, sondern erfreuen sich auch eines stetig wachsenden Stammpublikums. Sie können durch die Standardisierung ihre inhaltlich kreativen Stärken besser vermarkten. Der einheitliche Bewegtbildstandard, wie ihn die AGF plant, legt einen wichtigen Grundstein für Transparenz und Vergleichbarkeit bei der crossmedialen Kampagnen-Planung.

7.5 360°-Videos: Perspektivwechsel für Online-Bewegtbild

Mit der Einführung von Google Street View erweiterte der weltweit führende Suchmaschinenriese im November 2010 sein Kartenangebot Google Maps und ermöglichte es den Nutzern, Fotoaufnahmen von Straßen, Gebäuden und Grundstücken anzusehen. Im März 2015 wurde die Technologie zur Rundumsicht auch für Bewegtbild-Inhalte verfügbar gemacht. Getreu dem Motto „Mittendrin statt nur dabei" sind YouTube-Videos seitdem interaktiver denn je und halten für Nutzer und Werbungtreibende verschiedene „Schmankerl" bereit.

Die Wiedergabe von 360°-Videos bei YouTube ist über die gängigen Browser Google Chrome, Mozilla Firefox, Windows Internet Explorer und Opera möglich. Einzige Voraussetzung: Sie benötigen jeweils die aktuellste Version Ihres Browsers, um Videos mit Rundumsicht anschauen und in diesen navigieren zu können.

Für die Wiedergabe auf mobilen Endgeräten muss die neueste YouTube-App für das Betriebssystem iOS oder Android installiert sein.

Und wie geht es weiter? Bisher hat Google hierzu noch keine konkreten Ankündigungen gemacht. Eines ist jedoch sicher: Es ist nur noch eine Frage der Zeit, bis erste kommerzielle Möglichkeiten in den 360°-Videos geschaffen werden, um den Nutzer gezielt auf die eigene Webseite zu leiten. Denkbar sind unter anderem Rundgänge durch Kreuzfahrtschiffe, bei denen sich die Nutzer die verschiedenen Kabinen, Restaurants und weiteren Angebote an Bord anschauen und direkt buchen können. Auch für Möbelhäuser gibt es mehrere vorstellbare Szenarien: In verschiedenen Wohnzimmern kann die Perspektive frei gewählt werden, alle Möbel und Deko-Artikel können angeklickt werden und leiten den Nutzer direkt zum entsprechenden Produkt im Online-Shop. Die vorgestellten Anwendungsfälle machen deutlich, dass sich Unternehmen jeder Branche mit der neuen Technologie auseinandersetzen müssen, um sich frühzeitig gegenüber dem Wettbewerb als kreativ und innovativ zu positionieren.

Noch sind die Videos mit Rundumsicht aufgrund der technischen Voraussetzungen nur für ein spitzes Publikumssegment in vollem Umfang nutzbar. In den nächsten Monaten wird ihr Anteil kontinuierlich wachsen – getrieben durch die sich bereits schon jetzt abzeichnende breite Akzeptanz des neuen Features. Dies macht auch das soziale Netzwerk Facebook deutlich, das die Wiedergabe von 360°-Videos seit September 2015 erlaubt. Unternehmen und Werbungtreibende dürfen sich auf weitere Funktionalitäten freuen, die aufgrund ihrer Interaktivität zukünftig noch viel Potenzial für Reichweiten- und Performance-Kampagnen auf YouTube bieten werden.

7.6 Fazit

Eine intelligente Mediaplanung muss das Thema „Second Screen" berücksichtigen, um mit dem eingesetzten Budget das Maximum unter dem Aspekt der nachhaltigen Reichweite und Wahrnehmung zu erzielen. Denn eines ist bei zahlreichen Bewegtbildkampagnen sehr deutlich geworden: YouTube ist nicht nur im Mix mit verschiedenen Online-Marketing-Disziplinen sehr effizient, sondern vor allem auch in einer ganzheitlichen medien- und geräteübergreifenden Kombination mit dem klassischen Fernsehen.

Für den Erfolg von Bewegtbildkampagnen ist dabei nicht nur entscheidend, zu welchem Preis Sie eine bestimmte Anzahl an Menschen in Ihrer definierten Zielgruppen erreichen, sondern vor allem auch, wie nachhaltig sich die Werbekontakte auf weiche Faktoren auswirken. Eine Brand Lift Survey sollte, sofern die Voraussetzungen erfüllt sind, einen unverzichtbaren Bestandteil für das Setup von YouTube-Kampagnen darstellen. Die so gewonnenen Erkenntnisse helfen Ihnen dabei, Ihre TrueView InStream-Kampagnen effizienter auszusteuern. Gleichzeitig stellen diese auch eine objektive Basis dar, um TV und YouTube anhand von harten und weichen Erfolgsfaktoren zu vergleichen und zielführend in der Mediaplanung zu berücksichtigen.

Unbestritten dabei ist, dass das Fernsehen derzeit unter Reichweitenaspekten nach wie vor ein Schwergewicht ist, das auch in den nächsten Jahren nicht von YouTube abgelöst wird. Fakt ist aber auch, dass der TV-Konsum aktuell durch Online-Videos unter Effizienz-Kriterien harmonisch ergänzt werden kann. Ein massives Umschichten der Werbebudgets von TV zu YouTube ist somit nicht zwingend erforderlich. Eines gilt es dennoch zu beachten: Auch wenn die Videoplattform momentan noch nicht mit dem durch das Fernsehen erzielten Umsatzvolumen konkurrieren kann, so kann sie dies sehr wohl auf Augenhöhe mit qualitativen Erfolgsmetriken wie einer Kosten-Ertrags- oder einer Kosten-Umsatz-Relation. Begünstigt wird dies durch eine nachhaltige Reichweite mit Remarketing-Listen sowie einer besseren Budgetallokation durch das Erfassen und Auswerten der gesamten digitalen Kundenreise.

Literatur

AGF GfK 2012: AGF/GfK Fernsehforschung, TV Scope, Januar 2012/Nielsen Net View, Januar 2012. https://www.agf.de/leistungen/agfsoftware/tvscope/. Zugegriffen: 5. Jan. 2016

DigiBuzz 2015: Kapitel 7.4 ist eine überarbeitete Version von Endlich: AGF schafft einheitlichen Bewegtbild Standard. http://digibuzz.de/endlich-agf-schafft-einheitlichen-bewegtbild-standard/. Zugegriffen: 5. Jan. 2016

Stanford Business 2014: Wesley R. Hartmann: Where to Build a Better Brand – Television or the Internet? http://www.gsb.stanford.edu/insights/wesley-r-hartmann-where-build-better-brand-television-or-internet. Zugegriffen: 5. Jan. 2016

YouTube und Facebook: zwei Plattformen, die trotz gleicher Kennzahlen keinen direkten Vergleich erlauben

8

Zusammenfassung

Um die Attraktivität von Facebook für Werbungtreibende zu steigern, drängt das weltweit größte soziale Netzwerk seit September 2014 verstärkt auf den Videomarkt und bietet für Branding- und Performance-Kampagnen entsprechende Video-Werbeformate und Reportingfunktionen an. Die Mechanismen und Kennzahlen zur Erfolgskontrolle, die sich stark an denen von YouTube orientieren, erlauben dennoch keinen direkten Vergleich hinsichtlich der Effizienz und Qualität von Videokampagnen. Warum das so ist, was dies für Sie bedeutet und welche Lösung es hierfür gibt, möchte ich Ihnen in diesem Kapitel erläutern.

8.1 Video-Kennzahlen im Vergleich

Sowohl YouTube als auch Facebook geben den Werbungtreibenden eine Vielzahl von Kennzahlen zur Erfolgskontrolle von Branding- und Performance-Kampagnen an die Hand. Der CPV wird dabei häufig als entscheidender Key-Performance-Indicator (KPI) definiert und damit als Kennzahl, mit der sich schnell und einfach Ergebnisse von Videokampagnen direkt vergleichen lassen. Achtung: Dies ist ein Trugschluss. Der Grundsatz, dass der niedrigste CPV auch gleichzeitig Auskunft über die Effizienz der Videoanzeigen auf beiden Plattformen gibt, ist hier zunächst nicht gegeben. Obwohl die wichtigsten Kennzahlen auf YouTube und Facebook identisch benannt sind und auf den ersten Blick einen Vergleich beider Plattformen erlauben, liegt den jeweiligen Kennzahlen eine unterschiedliche Messmethode zugrunde. Drei Beispiele sollen dies verdeutlichen.

8.1.1 Statischer und dynamischer CPV

Bei YouTube werden alle TrueView-Anzeigenformate über einen CPV abgerechnet. Dieser bestimmt für jeden einzelnen Videoaufruf einen statischen Preis, der nicht durch Nutzerinteraktionen beeinflusst werden kann. Facebook hingegen liegt ein dynamischer CPV zugrunde. Bei diesem werden die Kosten der Videobewerbung durch alle mit ihr erzielten Aufrufe geteilt. Die Aufrufe schließen auf Facebook alle Video-Wiedergaben ein, die direkt auf die Anzeige zurückzuführen sind. So werden auch Aufrufe berücksichtigt, die durch das mehrfache Wiedergeben eines Nutzers oder das Teilen des beworbenen Videos entstanden sind. Kurz gesagt: Je viraler das beworbene Video auf Facebook ist, deso stärker senkt die Viralität den CPV durch kostenlose Video-Wiedergaben.

8.1.2 Videoaufrufe und Impressionen

Nicht nur bei den Faktoren, die den Aufrufpreis auf YouTube und Facebook beeinflussen können, gibt es große Unterschiede, sondern auch bei der Definition eines Videoaufrufes durch Videoanzeigen. Während Facebook eine bezahlte Video-Wiedergabe von mindestens drei Sekunden als Aufruf definiert, liegt dieser bei YouTube bereits ab der ersten Sekunde (TrueView InDisplay-Anzeigen) oder erst ab der 30. Sekunde (TrueView InStream-Anzeigen) vor. Ist das Video bei einer TrueView InStream-Anzeige kürzer als 30 s, so wird ein bezahlter Videoaufruf verzeichnet, wenn ein Nutzer die gesamte Videoanzeige angeschaut hat. Ergänzend zur Definition eines Videoaufrufes ergeben sich unter qualitativen Reichweitenaspekten auch große Unterschiede bei den ausgewiesenen Impressionen, die je nach Wahl der Plattform und des Anzeigenformats ebenfalls voneinander abweichen.

8.1.3 Nutzersituation bei Videoanzeigen

Ein grundsätzlich charakteristischer Unterschied besteht in der Art, wie Nutzer mit Videoanzeigen auf beiden Plattformen interagieren. Bei allen Videoanzeigen sowohl auf Facebook als auch bei den TrueView InDisplay-Anzeigen entscheiden sich die Nutzer proaktiv für ein Video, indem sie die Wiedergabe mit einem Klick auf das entsprechende Anzeigenformat starten. Die TrueView InStream-Anzeigen hingegen basieren auf einer anderen Mechanik. Sie werden den Nutzern vor dem eigentlich ausgewählten Video eingeblendet. Im Gegensatz zu Facebook und den TrueView InDisplay-Anzeigen entscheiden sich die Nutzer hier primär ab der fünften Sekunde dafür, das beworbene Video zu überspringen, wenn es ihnen nicht gefällt.

8.2 Vergleichbare Werte in drei Schritten

Ein direkter Vergleich zwischen YouTube und Facebook ist anhand der gegebenen Erfolgskennzahlen möglich, jedoch vor dem Hintergrund abweichender Messmetriken und der qualitativen Unterschiede mit Vorsicht zu genießen. Möchte man dennoch die jeweils erzielten Werte direkt vergleichen, so schafft ein manuell angepasster Aufrufpreis Abhilfe. Diesen können Sie in drei Schritten für Ihre Videokampagnen ermitteln und darauf aufbauend die jeweils erreichten Werte auf YouTube und Facebook objektiv bewerten.

Schritt 1
Um die angepassten CPVs zu ermitteln, müssen zunächst die Impressionen und die prozentuale Video-Wiedergabe herangezogen werden. Achten Sie darauf, entweder die gesamten oder nur die einmaligen Impressionen für beide Plattformen zu nutzen, um eine vergleichbare Datenbasis sicherzustellen.

Plattform	Gesamte Impressionen	Video-Wiedergabe zu			
		25%	50%	75%	100%
YouTube	1,00 Mio.	80%	55%	37%	20%
Facebook	1,25 Mio.	82%	50%	25%	10%

Schritt 2
Multiplizieren Sie die Impressionen mit dem Prozentsatz der Nutzer, die Ihr Video zu 25%, 50%, 75% und 100% gesehen haben, um einen absoluten Wert für die einzelnen Quartile zu erhalten.

Plattform	Gesamte Impressionen	Video-Wiedergabe zu			
		25%	50%	75%	100%
YouTube	1,00 Mio.	80%	55%	37%	20%
		800.000	550.000	370.000	200.000
Facebook	1,25 Mio.	82%	50%	25%	10%
		1.025.000	625.000	312.500	125.000

Schritt 3
Teilen Sie nun das jeweils für YouTube und Facebook eingesetzte Mediabudget durch das absolute Aufrufvolumen je Quartil.

Plattform	Gesamte Impressionen	Video-Wiedergabe zu				Media-Budget	Angepasster CPV für Video-Wiedergabe zu			
		25%	50%	75%	100%		25%	50%	75%	100%
YouTube	1,00 Mio.	80% 800.000	55% 550.000	37% 370.000	20% 200.000	20.000 €	0,03 €	0,04 €	0,05 €	0,10 €
Facebook	1,25 Mio.	82% 1.025.000	50% 625.000	25% 312.500	10% 125.000	25.000 €	0,02 €	0,04 €	0,08 €	0,20 €

Beachten Sie bitte, dass es je nach beworbenem Video, der Zielgruppendefinition sowie der Ausspielung auf verschiedenen Endgeräten und Tageszeiten zu abweichenden Ergebnissen kommen kann. Die beispielhaft vorgestellte Gegenüberstellung erhebt nicht den Anspruch, eine generelle Aussage über die Effizienz von Videoanzeigen auf YouTube und Facebook zu treffen. Sie soll Ihnen die grundsätzliche Vorgehensweise aufzeigen, um einzelne Anzeigenkampagnen, die jeweils das gleiche Video bewerben, auf beiden Plattformen vergleichbar zu machen.

Anhand des vorgestellten Modells zur Bewertung von Videokampagnen auf YouTube und Facebook können zum einen vier verschiedene CPVs ermittelt werden, die einen direkten Vergleich zwischen beiden Plattformen erlauben. Auf deren Basis wird zum anderen eine Bewertungsgrundlage geschaffen, um den Erfolg zwischen plattformübergreifenden Videokampagnen zu bestimmen und das Mediabudget für zukünftige Bewegtbildwerbung unter Reichweitenzielen effizienter zu allokieren.

Um den Vergleich zwischen YouTube und Facebook weiter zu schärfen, kann zusätzlich aus dem Verhältnis zwischen Netto- und Brutto-Impressionen die durchschnittliche Kontakthäufigkeit in einem bestimmten Zeitraum ermittelt werden. In Relation zur durchschnittlichen Wiedergabehäufigkeit je Nutzer erhalten Sie einen aussagekräftigen Indikator dafür, wie gut Ihr beworbenes Video auf YouTube und Facebook von den jeweils definierten Zielgruppen im Zeitverlauf angenommen wurde.

▶ Facebook hat im Juli 2015 angekündigt, dass es zu Beginn des Folgejahres eine Anpassung beim Erfassen von Videoaufrufen geben wird. Bisher werden Impressionen, die mindestens drei Sekunden andauern, als Aufruf gezählt. Um die Qualität der Videoaufrufe zu steigern, wird das erforderliche Zeitintervall zukünftig auf zehn Sekunden angehoben. Dennoch bleibt auch mit der überarbeiteten Messmetrik ein Problem bestehen: die Vergleichbarkeit mit anderen Videoplattformen. Eine direkte Gegenüberstellung und ganzheitlich faire Bewertungsgrundlage der Kampagnen-Ergebnisse ist auch hiermit nicht gegeben. Die vorgestellte Methode löst diese Problemstellung und versetzt Sie in die Lage, bis zu vier Aufrufpreise in Abhängigkeit von der Wiedergabedauer trotz abweichender Messmetriken zu ermitteln.

8.3 Fazit

Je niedriger der CPV, desto effizienter sind die Videoanzeigen der gewählten Plattform. Auch wenn diese Kernaussage unter Reichweitenaspekten nach wie vor Gültigkeit besitzt, so muss sie dennoch auf einer vergleichbaren Basis fußen. Eine Beurteilung von Videokampagnen auf YouTube und Facebook anhand eines nicht angepassten CPVs greift deutlich zu kurz, da eine direkte Vergleichbarkeit nicht gegeben ist. Vergewissern Sie sich daher im Vorfeld immer, wie einzelne und vor allem für Sie entscheidende Kennzahlen definiert sind und welche Messmethode diesen zugrunde liegt, bevor Sie eine Plattform anhand ihrer Effizienz oder Qualität beurteilen.

Wenn Sie die Aussagekraft weiter steigern wollen, können Sie für die Beurteilung von Videoanzeigen auch weitere Kennzahlen heranziehen. Der TKP oder die Häufigkeit, mit der Sie die Nutzer erreicht haben, sind gute Indikatoren, um die Netto- bzw. Bruttoreichweite und den durchschnittlichen Werbedruck der jeweils definierten Zielgruppe zu ermitteln. Damit stehen Ihnen verschiedene entscheidungsrelevante Kennzahlen zur Verfügung, die Sie ohne Anpassungen in die Bewertung einfließen lassen können.

Quiz

9

> **Zusammenfassung**
>
> SEO-Optimierung, Anzeigenformate, interaktive Gestaltung von Videos und weitere Themen: Wie gut kennen Sie sich nun beim Thema YouTube-Marketing aus? Das Quiz bietet Ihnen die Möglichkeit, die wichtigsten Zusammenhänge, Hinweise und Tipps für ein professionelles YouTube-Marketing kompakt und übersichtlich zu rekapitulieren.

Die Quizfragen sind dabei entsprechend den einzelnen Kapiteln gegliedert, sodass Sie Ihren Wissensstand in den einzelnen thematischen Schwerpunkten ganz individuell überprüfen können. Die richtigen Antworten zu allen Fragen finden Sie am Ende dieses Kapitels. Je Fragestellung können auch mehrere Antworten korrekt sein. Ich wünsche Ihnen viel Spaß und Erfolg beim Beantworten der Quizfragen!

9.1 Video-SEO

1. **Der Rankingwert auf YouTube setzt sich ...**
    a. ... aus den Metadaten und Nutzerinteraktionen zusammen.
    b. ... nur aus der Anzahl der Videoaufrufe zusammen.
    c. ... ausschließlich aus den Social Signals und Nutzerinteraktionen zusammen.
    d. ... aus den direkt durch Sie beeinflussbaren Daten und den durch Nutzer entstandenen Interaktionen mit Ihren Videos zusammen.

2. **Welcher Faktor wird durch den Algorithmus nicht für das Ranking von Videos herangezogen?**
    a. Views
    b. Tags (Schlüsselbegriffe)

c. Videotitel
d. Vorschaubild (Thumbnail)

3. Worüber gibt die Zuschauerbindung, die für jedes Ihrer Videos im YouTube-Kanal verfügbar ist, detailliert Auskunft?
   a. Sie informiert über das Verhältnis der Aufrufe zu den Impressionen.
   b. Sie informiert darüber, wie weit Nutzer Ihre Videos im Verhältnis zu ähnlich langen Videos anschauen und an welchen Stellen sie die Wiedergabe beenden.
   c. Sie informiert über die Anzahl der Abonnenten, die Ihr YouTube-Kanal im Zeitverlauf gewonnen und verloren hat.
   d. Sie informiert darüber, wie oft Ihre Videos im Vergleich zu anderen Videos kommentiert, geteilt und bewertet werden.

9.2 YouTube-Videos interaktiv gestalten

1. Welches der genannten Formate ist nicht für organische Video-Wiedergaben verfügbar?
   a. Infokarten
   b. Anmerkungen
   c. Companion Banner
   d. Call-to-Action-Overlay

2. Welche Aussagen zum Call-to-Action-Overlay sind richtig?
   a. Der Call-to-Action-Overlay wird bei organischen und bezahlten Aufrufen durch TrueView-Anzeigen eingeblendet.
   b. Der Call-to-Action-Overlay wird immer rechts unten im Abspielbereich eines Videos angezeigt.
   c. Das Einbinden eines Call-to-Action-Overlays setzt immer ein Bild, eine Textzeile, eine angezeigte und eine Ziel-URL voraus.
   d. Alle Klicks auf den Call-to-Action-Overlay, die Nutzer über eine organische Video-Wiedergabe auf eine externe Webseite weiterleiten, sind kostenlos.

3. Mit Anmerkungen können Sie ...
   a. ... Bilder im Abspielbereich eines Videos platzieren.
   b. ... Text an beliebigen Stellen im Abspielbereich eines Videos platzieren.
   c. ... unter anderem Sprechblasen-Overlays im Abspielbereich eines Videos platzieren.
   d. ... Ihre Videos mit zusätzlichen Informationen in Form von Links und Texten anreichern.

9.3 TrueView-Anzeigenformate

1. **Welche TrueView-Anzeigenformate stellt YouTube allen Werbungtreibenden aktuell zur Verfügung?**
   a. TrueView InDisplay-Anzeigen
   b. TrueView InSearch-Anzeigen
   c. TrueView InStream-Anzeigen
   d. TrueView InSlate-Anzeigen

2. **Nach welchem Standardpreismodell werden alle TrueView-Anzeigen abgerechnet?**
   a. Cost-per-Click (CPC)
   b. Tausendkontaktpreis (TKP)
   c. Cost-per-View (CPV)
   d. Cost-per-Order (CPO)

3. **Welche der folgenden Aussagen zum CPV ist falsch?**
   a. Der maximale CPV entspricht dem von Ihnen festgelegten Höchstgebot für einen Videoaufruf mit TrueView-Anzeigen.
   b. Der tatsächliche CPV umfasst den Betrag für alle Videoaufrufe in einem bestimmten Zeitraum, der Ihnen gemäß dem TrueView-Abrechnungsmodell in Rechnung gestellt wird.
   c. Wenn der tatsächliche CPV erhöht wird, steigt automatisch auch der maximale CPV.
   d. Wenn das Tagesbudget Ihrer TrueView-Kampagnen über mehrere Tage nicht vollständig ausgeschöpft wird, sollten Sie zunächst die Zielgruppenkriterien so stark wie möglich sinnvoll erweitern und erst im letzten Schritt den maximalen CPV erhöhen.

4. **Wo werden TrueView InDisplay-Anzeigen auf YouTube eingeblendet?**
   a. Vor anderen Videos
   b. In der Spalte der vorgeschlagenen Videos
   c. Auf der Startseite
   d. In den Suchergebnissen

5. **Welche Aussagen zu Interaktionen beim TrueView-Abrechnungsmodell sind richtig?**
   a. Alle Klicks von Nutzern auf Anzeigenelemente wie auch beworbene Video-Wiedergaben werden als Interaktionen verstanden.
   b. Wenn während einer Werbeeinblendung zwei oder mehr Interaktionen stattfinden, dann wird immer nur die erste in Rechnung gestellt.

c. Überspringt ein Nutzer bei einer TrueView InStream-Anzeige vor der 30. Sekunde das beworbene Video, ohne dass er auf ein Anzeigenelement geklickt hat, so liegt eine kostenlose Anzeigen-Impression vor.

d. Im Gegensatz zu Klicks auf das Companion Banner und den Call-to-Action-Overlay werden alle Klicks auf Infokarten nicht als Interaktionen gewertet und können somit niemals Kosten verursachen.

9.4 Kriterien zur Zielgruppendefinition

1. Welche Kriterien können herangezogen werden, um Nutzer einer Video-Remarketing-Liste auf YouTube hinzuzufügen? Der Nutzer ...
   a. ... hat ein beliebiges Video im Kanal kommentiert.
   b. ... meldete sich von einem YouTube-Kanal ab.
   c. ... besuchte die Kanalseite.
   d. ... bewertet bestimmte Videos negativ.

2. Auf YouTube erstellte Remarketing-Listen können auch für die Suchmaschinenwerbung auf Google eingesetzt werden, um Nutzer mit individuellen Anzeigen erneut zu erreichen.
   a. Die Aussage ist richtig.
   b. Die Aussage ist falsch.

3. Welche der folgenden Platzierungen können Sie direkt für Ihre TrueView-Anzeigen als ein Zielgruppenkriterium festlegen?
   a. YouTube-Startseite
   b. YouTube-Videos
   c. YouTube-Kanäle
   d. Webseiten im Google-Display-Netzwerk (GDN)

9.5 YouTube in der Customer Journey

1. Welche primären Rollen können in der Customer Journey für einzelne Online-Marketing-Disziplinen und -Werbemittel unterschieden werden?
   a. Contacter, Influencer und Closer
   b. Introducer, Influencer und Closer
   c. Introducer, Influencer und Finisher
   d. Introducer, Impacter und Closer

2. **Warum ist heute das systematische und vollständige Erfassen der gesamten Customer Journey für ein effizientes Online-Marketing unverzichtbar?**
   a. Die tatsächliche Werbeleistung einzelner Online-Marketing-Werbemittel und -Disziplinen im Kaufentscheidungsprozess kann eruiert werden.
   b. Das Werbebudget für Online-Marketing-Disziplinen, über die wenige direkte Verkäufe verzeichnet werden, kann gezielt reduziert werden.
   c. Eine kontinuierliche Customer Journey-Analyse ist die Grundlage, um eine ganzheitliche, übergreifende und nachhaltig effiziente Kampagnensteuerung über verschiedene Online-Marketing-Disziplinen und -Werbemittel zu realisieren.
   d. Ursache und Wirkungszusammenhänge, die zwischen den einzelnen Werbemitteln aller eingesetzten Disziplinen bestehen, können im Hinblick auf eine effizientere Budgetallokation analysiert und zielführend genutzt werden.

3. **YouTube und seine TrueView-Anzeigenformate nehmen in der Customer Journey-Betrachtung primär die Rolle ...**
   a. ... des Influencers, der Nutzer in ihrer Kaufabsicht bestärkt, ein.
   b. ... des Closers, der den letzten Kontaktpunkt vor dem Kauf umfasst, ein.
   c. ... des Introducers, der die digitale Kundenreise eröffnet hat, ein.
   d. ... des Influencers und Closers ein, wenn bei den Zielgruppenkriterien auch besonders kaufaffine Remarketing-Listen einbezogen werden.

9.6 YouTube-Strategiemodell

1. **Wie viele verschiedene Elemente sollten in Anlehnung an das Canvas Business Model bei der Strategiefindung und kontinuierlichen Anpassung für Ihr YouTube-Marketing berücksichtigt werden?**
   a. 6
   b. 7
   c. 8
   d. 9

2. **In welche drei Content-Arten können Video-Inhalte nach dem „Creator Playbook for Brands" unterschieden werden?**
   a. Hybrid-, Hub- und Hero-Content
   b. Hybrid-, Support- und Hero-Content
   c. Hygiene-, Hub- und Hero-Content
   d. Hygiene-, Hub- und Heart-Content

3. Welche Quellen können Sie nutzen, um Inspirationen für neue Videos zu erhalten?
   a. Google Trends
   b. YouTube Trends
   c. Google Conversion Tracking
   d. YouTube Analytics

4. Welche der folgenden Aussagen zum YouTube-Kanal sind richtig?
   a. Der Kanaltrailer ist für Abonnenten und Nicht-Abonnenten sichtbar.
   b. Kanalabschnitte erlauben es, Videos, Playlists und andere Kanäle in einer von Ihnen gewählten Struktur anzuordnen.
   c. Das Kanalbild kann im GIF-Dateiformat als statisches und animiertes Element mit wechselnden Bildbotschaften eingebunden werden.
   d. Die Position des Kanalsymbols im Kanalbild kann frei definiert werden.

9.7 YouTube- und Facebook-Kennzahlen im Vergleich

1. Um den angepassten CPV zu ermitteln, der einen direkten Vergleich zwischen den Ergebnissen einer Anzeigenschaltung auf YouTube und Facebook erlaubt, sind welche Kennzahlen je Plattform erforderlich?
   a. Die gesamten oder einmaligen Impressionen, die Anzahl der Aufrufe, das eingesetzte Mediabudget und die prozentuale Video-Wiedergabe zu 25 %, 50 %, 75 % und 100 %.
   b. Die gesamten und einmaligen Impressionen, die Anzahl der Klicks, das eingesetzte Mediabudget und die prozentuale Video-Wiedergabe zu 25 %, 50 %, 75 % und 100 %.
   c. Die gesamten Impressionen, die Anzahl der Klicks und Aufrufe, das noch verfügbare Mediabudget und die relative Zuschauerbindung.
   d. Die einmaligen Impressionen, die Anzahl der Aufrufe und das noch verfügbare Mediabudget.

2. Wann liegt ein bezahlter Videoaufruf bei YouTube- und Facebook-Anzeigen vor?
   a. Ein bezahlter Videoaufruf liegt bei TrueView InDisplay- und InStream-Anzeigen jeweils bereits ab der ersten Sekunde vor.
   b. Ein bezahlter Videoaufruf liegt bei TrueView InDisplay- bzw. InStream-Anzeigen ab der ersten bzw. ab der 30. Sekunde vor. Ist das Video bei einer TrueView InStream-Anzeige kürzer als 30 Sekunden, so wird ein bezahlter

Videoaufruf gezählt, wenn ein Nutzer das beworbene Video komplett angeschaut hat.
   c. Videoanzeigen auf Facebook verzeichnen einen Aufruf ab einer bezahlten Wiedergabedauer von mindestens drei Sekunden.
   d. Bei YouTube wird kein bezahlter Aufruf gezählt, wenn Nutzer das beworbene Video bei einer TrueView InStream-Anzeige direkt ab der fünften Sekunde überspringen.

3. **Welche der Aussagen zum Kennzahlenvergleich auf YouTube und Facebook sind richtig?**
   a. Der im Google AdWords- und Facebook-Konto ausgewiesene CPV für Videokampagnen erlaubt einen direkten Vergleich beider Plattformen anhand einer zentralen Erfolgskennzahl.
   b. Der im Google AdWords- und Facebook-Konto ausgewiesene CPV für Videokampagnen erlaubt keinen direkten Vergleich beider Plattformen anhand einer zentralen Erfolgskennzahl.
   c. Für die Erfolgsbewertung von Videokampagnen auf YouTube und Facebook gilt grundsätzlich: Auch wenn die Kennzahlen auf beiden Plattformen gleich benannt sind, können diese aufgrund abweichender Messmetriken dennoch keinen direkten Vergleich bedienen.
   d. Zwischen TrueView InDisplay- und InStream-Anzeigen kann ohne Weiteres ein direkter Vergleich der Kampagnen-Ergebnisse angestellt werden, da die Nutzersituation und die Messmetrik für einen Aufruf identisch sind.

9.8 Reichweitenoptimierung durch Verlängerung von TV-Sports auf YouTube

1. **Welche Aussage zur Brand Lift Survey ist richtig?**
   a. Die Ergebnisse der Brand Lift Survey stehen dem Werbungtreibenden erst nach Beendigung aller TrueView-Kampagnen zur Verfügung.
   b. Die Brand Lift Survey erfasst, wie sich das Google-Suchverhalten der Nutzer ändert, nachdem sie eine TrueView InStream-Anzeige gesehen haben.
   c. Um eine Brand Lift Survey für TrueView-Videokampagnen nutzen zu können, ist eine Laufzeit von mindestens 7 Tagen mit einem täglichen Budget von 900 EUR erforderlich.
   d. Die Einrichtung der Brand Lift Survey kann durch den Werbungtreibenden selbst über das Google AdWords-Konto vorgenommen werden.

2. **Die Brand Interest Survey erfasst, welchen Einfluss Ihre TrueView-Videokampagnen ...**
   a. ... auf die Anzeigenerinnerung und Markenbekanntheit haben.
   b. ... darauf haben, ob Nutzer konkret vorhaben, Produkte einer bestimmten Marke zu kaufen.
   c. ... auf das Suchvolumen vorab definierter Begriffe in der YouTube-Suche hat.
   d. ... auf das Suchvolumen vorab definierter Begriffe in der Google-Suche hat.

3. **Welche der Aussagen zur Brand Lift Survey und Brand Interest Survey sind richtig?**
   a. Für beide Umfragen wird die von Ihnen definierte Zielgruppe in eine exponierte und eine Kontrollgruppe geteilt.
   b. Im Gegensatz zur exponierten hat die Kontrollgruppe das mit TrueView InDisplay-Anzeigen beworbene Video nicht gesehen.
   c. Bei beiden Umfragen werden die Ergebnisse der exponierten und der Kontrollgruppe miteinander verglichen und so der Einfluss Ihrer TrueView InStream-Anzeigen auf die geprüften Metriken eruiert.
   d. Bei laufenden Umfragen kann der aktuelle Stand der Ergebnisse jederzeit durch den Werbungtreibenden im Google AdWords-Konto eingesehen und direkt für die Optimierung herangezogen werden.

9.9 Lösungen

9.1 Video-SEO

1. a, d
2. d
3. b

9.2 YouTube-Videos interaktiv gestalten

1. c
2. a, d
3. b, c, d

9.9 Lösungen

9.3 TrueView-Anzeigenformate

1. a, c
2. c
3. a, b, d
4. b, d
5. a, b, c

9.4 Kriterien zur Zielgruppendefinition

1. a, c
2. a
3. b, c, d

9.5 YouTube in der Customer Journey

1. b
2. a, c, d
3. a

9.6 YouTube-Strategiemodell

1. d
2. c
3. a, b, d
4. b

9.7 YouTube- und Facebook-Kennzahlen im Vergleich

1. a
2. b, c
3. b, c

9.8 Reichweitenoptimierung durch Verlängerung von TV-Spots auf YouTube

1. c
2. d
3. a, c

Schlusswort

YouTube hat sich seit der Gründung 2005 von einer Nischenplattform hin zu einer etablierten Videoplattform entwickelt, auf der die Quantität und Qualität der Bewegtbild-Inhalte kontinuierlich zugenommen hat. Der Platzhirsch auf dem Videomarkt kann weltweit mehr als 1 Mrd. (YouTube) Nutzer je Monat vorweisen. Allein in Deutschland sind es monatlich 36,8 Mio. Unique User, die 67% der Onliner entsprechen (GfK 2015). Heute tummeln sich auf YouTube Menschen aller Geschlechter- und Alterssegmente, die sich informative Heimwerker-, Beauty- oder Do-it-yourself-Tutorials anschauen, sich von Marken und den Erfahrungen anderer Nutzer für ihren nächsten Urlaub inspirieren lassen oder schlicht ihre Lieblingsmusik mit dem passenden Video wiedergeben. Kurz gesagt: Die Menschen finden auf YouTube für sie relevante Inhalte zu allen Bereichen des täglichen Lebens, die sie kompakt in multimedialer Form auf allen Endgeräten konsumieren können. Das enorme Potenzial der Videoplattform macht es – unabhängig von der Unternehmensgröße oder dem verfügbaren Werbebudget – zu einem unverzichtbaren Baustein in einem erfolgreichen Online-Marketing-Mix.

Und die Entwicklung des Videoportals geht rasant weiter: Getrieben durch Konkurrenten wie Facebook, Twitter und Instagram, die seit März 2014 konsequent auf den Videomarkt drängen, reagiert der Marktführer. Mit Anpassungen am TrueView-Abrechnungsmodell, dem neuen Anzeigenformat der Shoppable True-View Ads, den interaktiven Infokarten, Videos mit 360°-Ansicht und der Brand Lift Survey wie auch der Brand Interest Survey setzt YouTube klare Zeichen, um besonders bei den Werbungtreibenden zu punkten. Zudem kündigte Google an, das Interface des AdWords-Kontos mit erweiterten Funktionalitäten auszustatten: Automatisierte Gebotsregeln, umfangreichere Analyse- und Optimierungsmöglichkeiten unterstreichen, dass YouTube erwachsen geworden ist und sich zu einem Schwergewicht im Online-Marketing-Mix gemausert hat.

Die Möglichkeiten, um mit kreativen, interaktiven und authentischen Videos Branding- und Performance-Ziele effizient zu bedienen, sind gegenwärtig vorhanden. Aufgrund der wachsenden Attraktivität des Videomarktes und dem Anspruch von YouTube, diesen auch weiterhin zu dominieren, werden die verschiedenen Zielsetzungen für Werbungtreibende zukünftig noch besser zu realisieren sein. Grund genug also, um bereits heute die Weichen für ein professionelles YouTube-Marketing zu stellen und einen Lernprozess anzustoßen, der das weltweit größte Videoportal harmonisch mit Ihren Online-Marketing-Disziplinen verzahnt.

Das Buch stellt einen guten Einstieg ins YouTube-Marketing dar, das Ihnen das nötige Rüstzeug für eine Professionalisierung mit oder ohne Einsatz von Werbebudget verleiht. Es soll Ihnen als Ausgangspunkt dienen, um darauf aufbauend eine auf Ihr Unternehmen und Ihre Ziele individuell zugeschnittene Strategie zu definieren oder eine bestehende zu optimieren. Den vorgestellten Best Practices, Modellen, Tipps und Hebeln liegen verschiedene Ansätze zugrunde, um das dargebotene Potenzial der Videoplattform voll auszuschöpfen.

Einige Sachverhalte, von denen Sie gelesen haben, sind bei dem Erscheinen des Buches nicht mehr aktuell. Die Grundprinzipien und elementaren Zusammenhänge zwischen Gebotsmechanismen und Reichweite, Möglichkeiten zur Zielgruppendefinition sowie passenden Anzeigenformaten und Marktforschungen auf YouTube bleiben jedoch weiterhin bestehen. Einen guten Überblick zu Ankündigungen, Neuerungen und Studienergebnissen zur Bewegtbild-Werbung erhalten Sie auf dem von Google initiierten YouTube-Blog, den Sie unter http://youtube-global.blogspot.de/ erreichen können.

Liebe Leserinnen und Leser, ich möchte Sie an dieser Stelle herzlich zu einem gemeinsamen Dialog einladen. Im Buch, das Sie in den Händen halten, habe ich mein Verständnis und meine Erfahrungen von einem professionellen YouTube-Marketing niedergeschrieben. Welche Erfahrungen haben Sie mit Anzeigenformaten, Gebotsmechanismen, Zielgruppenkriterien oder interaktiv gestalteten Videos gemacht? Wie und für welche Ziele im Online-Marketing setzen Sie YouTube bevorzugt ein? Ich freue mich sehr auf einen regen Austausch über XING und wünsche Ihnen viel Erfolg bei der Professionalisierung Ihres YouTube-Marketings.

Mit besten Grüßen,
Christoph Seehaus

Quellen

GfK 2015, Crossmedia Link Jul 2015, zu beziehen über https://www.agf.de/leistungen/agfsoftware/tvscope/, zugegriffen am 25.01.2016

YouTube: Statistik, http://www.youtube.com/yt/press/de/statistics.html, zugegriffen am 5.1.2016.

Glossar

Anmerkungen Verschiedene Overlays, die Text oder Links umfassen und an beliebig definierbaren Zeitpunkten und Stellen im Abspielbereich eines Videos angezeigt werden.

Aufruf (bezahlt) Bei TrueView InStream-Anzeigen ab einer Video-Wiedergabe von mindestens 30 s (oder der gesamten Länge, wenn das Video kürzer ist). Bei TrueView InDisplay-Anzeigen, sobald ein Nutzer auf die Anzeige klickt.

Aufruf (organisch) Video-Wiedergabe von mindestens 11,5 s, die ohne Werbebudget und Videoanzeigen erzielt wurde.

Aufrufrate (View-Rate, VR) Relative Erfolgskennzahl, bei der die Wiedergaben eines beworbenen Videos durch die Anzahl aller Impressionen der Anzeigenschaltung geteilt werden.

Beschreibungstext Frei definierbare Textzeilen und Links, die sich unter dem Abspielbereich eines YouTube-Videos befinden und den Inhalt weiter spezifizieren.

Brand Interest Survey Marktforschung auf YouTube, die die Abstrahleffekte von TrueView-Anzeigen auf die Google-Suchnachfrage von vorab definierten Begriffen ermittelt.

Brand Lift Survey Gestützte Umfrage auf YouTube, die den Einfluss von TrueView InStream-Anzeigen auf Markenbekanntheit und Anzeigenerinnerung misst.

Call-to-Action-Overlay Bild-Text-Kombination, die kostenlos unten links im Abspielbereich eines Videos eingebunden werden kann und sowohl bei organischen als auch bezahlten Wiedergaben verfügbar ist.

Companion Banner Kostenloses Begleitbanner für InStream- und TrueView In-Stream-Anzeigen, das rechts neben dem Abspielbereich eingeblendet wird.

CPV (maximal) Höchstgebot, das Sie maximal für einen bezahlten Videoaufruf bei TrueView-Anzeigenformaten investieren wollen.

CPV (tatsächlich) Betrag, der sich aus dem Verhältnis von Aufrufen und Impressionen von TrueView-Anzeigen ergibt und Ihnen in Rechnung gestellt wird.

Durchsehrate (View-through-Rate, VTR) Anzahl der Videoaufrufe, bei denen Nutzer das beworbene Video komplett wiedergegeben haben.

Hero-Content Aufwendige und kostenintensive Videoproduktion, die zumeist durch den Einsatz von prominenten Testimonials reichweiten- und aufmerksamkeitsstark inszeniert wird.

Hub-Content Videoinhalte, die in zeitlich fixen Intervallen als Serie oder Episode produziert werden, um besondere Produkteigenschaften und -vorteile zu betonen.

Hygiene-Content Basisinhalte Ihres Video-Portfolios, die Hilfestellungen in Form von Tutorials und How-tos zu Produkten geben und regelmäßig auftretende Fragen beantworten.

Impressionen Werbeeinblendungen, die bei allen TrueView-Anzeigenformaten kostenlos sind. Dabei muss zwischen den Brutto-Impressionen (Summe aller Werbeeinblendungen in einem bestimmten Zeitraum) und den Netto-Impressionen (einmalige Impressionen in einem bestimmten Zeitraum) differenziert werden.

Infokarten Interaktives und geräteübergreifendes Format, bei dem bis zu fünf inhaltlich unterschiedliche Karten in einer vertikalen Galerie im Abspielbereich eines Videos präsentiert werden.

InStream-Anzeige Werbeformat auf Reservierungsbasis, das über einen vorab fest definierten TKP abgerechnet wird und nur durch Ihren Google-Ansprechpartner gebucht werden kann.

Interaktionen (bezahlt) Definierte Handlungen im TrueView-Abrechnungsmodell (Aufrufe und Klicks auf Anzeigenelemente), für die Kosten in Form eines CPVs anfallen.

Interaktionen (erzielt) Kostenlose Handlungen entstehen, wenn Nutzer Ihre Videoanzeige gesehen haben und innerhalb von sieben Tagen nach der Wiedergabe weitere Videos aufrufen, diese bewerten, kommentieren, teilen, zu einer Playlist hinzufügen oder Ihren YouTube-Kanal abonnieren.

Interaktionen (organisch) Kostenlose Handlungen, die Video-Wiedergaben, Kommentare oder Bewertungen umfassen können und sich jeweils positiv oder negativ auf den Rankingwert auswirken.

Kanalabschnitt Möglichkeit zur Strukturierung, bei der einzelne oder mehrere Playlists und Videos in einem YouTube-Kanal horizontal oder vertikal arrangiert werden können.

Kanalbild Statisches Bildelement, das das Titelbild Ihres YouTube-Kanals darstellt.

Kanalsymbol Grafisches Element mit den Mindestmaßen 98 × 98 Pixel, das dem Profilbild Ihres YouTube-Kanals entspricht.

Kanaltrailer Ein in Ihrem YouTube-Kanal hochgeladenes Video, das auf der Startseite Ihres Kanals nur für Nicht-Abonnenten wiedergegeben wird.

Klickrate (Click-through-Rate, CTR) Relative Kennzahl, die beschreibt, wie häufig Nutzer auf Elemente Ihrer Videoanzeige geklickt haben, nachdem ihnen diese eingeblendet wurde.

Performance-Strategie Geplantes und strukturiertes Vorgehen eines Werbungtreibenden, bei dem Videoanzeigen eingesetzt werden, um primär das Erreichen von monetären Zielen im Zusammenspiel mit weiteren Online-Marketing-Disziplinen zu unterstützen.

Playlist Eine Wiedergabeliste, die verschiedene (eigene und fremde) Videos beinhalten und in einer vorab festgelegten Reihenfolge abgespielt werden kann.

Pull Strategie eines Werbungtreibenden, bei der TrueView InDisplay-Anzeigen eingesetzt werden. Das Ziel ist es, in den YouTube-Suchergebnissen und der Spalte der vorgeschlagenen Videos mit einem für eine Marke und deren Produkte relevanten Raum aufmerksamkeitsstark präsent zu sein.

Push Vom Werbungtreibenden initiierte Strategie mit TrueView InStream-Anzeigen, bei der auf Wahrnehmung und Bekanntheit durch eine Platzierung vor möglichst vielen thematisch passenden Videos fokussiert wird.

Rankingwert Ein Gesamtwert, der sich aus den Metadaten und den Nutzerinteraktionen (organisch und bezahlt) zusammensetzt.

Remarketing Maßnahme eines Werbungtreibenden, um bei Google AdWords Nutzer über einen Cookie zu markieren und diese erneut mit Anzeigen auf YouTube, Suchmaschinenwerbung oder Banner-Anzeigen anzusprechen.

Service-Strategie Vom Werbungtreibenden ausgehende Strategie, bei der vorrangig TrueView InDisplay-Anzeigen und Infokarten eingesetzt werden, damit Nutzer aus einem Video heraus bedarfsgerecht zu weiteren hilfreichen Inhalten auf YouTube oder einer externen Webseite navigieren können.

Suchmaschinenwerbung (Search Engine Advertising, SEA) Disziplin im Online-Marketing, bei der Textanzeigen in den Google-Suchergebnissen präsentiert werden, wenn die Suchanfrage eines Nutzers mit den definierten Key-Words eines Werbungtreibenden übereinstimmt.

Tags Schlüsselbegriffe, die Sie für jedes in Ihrem YouTube-Kanal hochgeladene Video vergeben können und die einen direkten Einfluss auf das Ranking in den Suchergebnissen haben.

TrueView InDisplay-Anzeige Werbeformat auf CPV-Basis, das über den organischen YouTube-Suchergebnissen oder neben anderen Videos in der Spalte der vorgeschlagenen Videos angezeigt wird.

TrueView InStream-Anzeigen Videoanzeige, die vor anderen YouTube-Videos eingeblendet wird und nach fünf Sekunden durch den Nutzer übersprungen werden kann. Abgerechnet wird das Anzeigeformat über einen CPV.

Glossar

Untertitel Manuell oder automatisch erstellte Übersetzungen, die als Textzeilen im Abspielbereich eines Videos eingeblendet werden können.

YouTube Analytics Berichtssystem, auf das über den eigenen YouTube-Kanal zugegriffen werden kann und das verschiedene Analysen bereitstellt, um die Leistung aller Videoinhalte zu überwachen.

YouTube-Kanal Einmalige Webseite eines Nutzers oder eines Unternehmens auf YouTube, bei der vorrangig Videos und Playlists in einer individuellen Struktur arrangiert und wiedergegeben werden können.

YouTube-Marketing Geplantes und strukturiertes Vorgehen im Rahmen einer integrierten Strategie, um definierte Branding- und Performance-Ziele durch Suchmaschinenoptimierung (Search Engine Optimization, SEO), das Management des YouTube-Kanals, des Contents und von Anzeigenkampagnen zu unterstützen.

Zuschauerbindung Erfolgskennzahl aus den YouTube Analytics für eines Ihrer Videos, die in eine absolute (wie oft wurden einzelne Videoabschnitte im Verhältnis zu allen Videoaufrufen wiedergegeben?) und relative Perspektive (wie gut kann mein Video die Zuschauer im Vergleich zu ähnlich langen Videos binden?) unterschieden wird.

The manufacturer's authorised representative in the EU is Springer
Nature Customer Service Centre GmbH, Europaplatz 3, 69115 Heidelberg,
Germany. If you have any concerns regarding our products, please
contact ProductSafety@springernature.com

Printed and bound by CPI Group (UK) Ltd, Croydon, CR0 4YY

23/03/2026

02076393-0007